古 典
新 读

中国文化のバロメーター

《史记》与《汉书》

中国文化的晴雨表

〔日〕大木康 著

田访 译

SHIKI TO KANJO: CHUGOKU BUNKA NO BAROMETA by Yasushi Oki
© 2008 by Yasushi Oki
Originally published in 2008 by Iwanami Shoten, Publishers, Tokyo. This
simplified Chinese edition published 2021
by SDX Joint Publishing Co., Ltd., Beijing
by arrangement with Iwanami Shoten, Publishers, Tokyo

图书在版编目（CIP）数据

《史记》与《汉书》：中国文化的晴雨表／（日）大木康著；
田访译. —北京：生活·读书·新知三联书店，2021.10
（古典新读）
ISBN 978 – 7 – 108 – 07217 – 7

Ⅰ．①史…　Ⅱ．①大…②田…　Ⅲ．①《史记》－研究
②《汉书》－研究　Ⅳ．① K204.2 ② K234.104.2

中国版本图书馆 CIP 数据核字（2021）第 153257 号

责任编辑　赵庆丰
装帧设计　薛　宇
责任校对　龚黔兰
责任印制　张雅丽

出版发行　生活·讀書·新知 三联书店
　　　　　（北京市东城区美术馆东街 22 号 100010）
网　　址　www.sdxjpc.com
图　　字　01-2018-4875
经　　销　新华书店
印　　刷　三河市天润建兴印务有限公司
版　　次　2021 年 10 月北京第 1 版
　　　　　2021 年 10 月北京第 1 次印刷
开　　本　850 毫米 × 1168 毫米　1/32　印张 5.5
字　　数　113 千字
印　　数　0,001 – 6,000 册
定　　价　39.00 元

（印装查询：01064002715；邮购查询：01084010542）

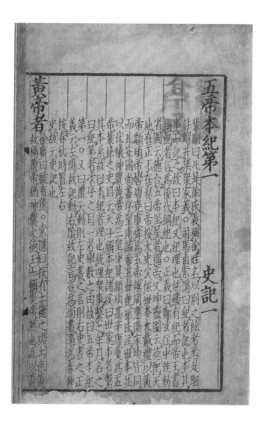

南宋黄善夫刊本《史记》

直江兼续、上杉旧藏，现藏于日本国立民俗博物馆

目　次

凡 例

一、中文原文引自：

《史记》（中华书局，1959）

《汉书》（中华书局，1962）

二、《史记》译文出自：

小川环树、今鹰真、福岛吉彦译《史记列传》全五册（岩波文库，1975）

小川环树、今鹰真、福岛吉彦译《史记世家》全三册（岩波文库，1980—1991）

野口定男、近藤光男、赖惟勤、吉田光邦译《史记》上（平凡社中国古典文学大系一〇，1968）

野口定男译《史记》中下（平凡社中国古典文学大系一一、一二，1969、1971）

《汉书》译文出自：

小竹武夫译《汉书》全八册（ちくま学艺文库，1997—1998），标记书名与页码。引用时略作修改。

三、没有记载出处的引文是笔者翻译的。

中文版序

中国历史源远流长，产生了汗牛充栋的历史著作。仅正史就有二十四种（或说有二十五种）之多。其中，《史记》与《汉书》是最早的正史，堪称史书双璧。《史记》与《汉书》都是被历代的人们所阅读的史书，但如果凝神看来，会发现有的时代更喜欢《史记》，有的时代更喜欢《汉书》。即使是阅读方法，从伦理的或是文学的角度等，不同时代人阅读的重点也是不同的。本书通过《史记》与《汉书》的阅读法（阅读法亦包括注释与出版），试图勾勒出中国的文化史、学术史轮廓。

现在，这本小书经过湖南大学岳麓书院田访老师的优秀的翻译，即将由三联书店出版，呈现在中国读者的面前。我在紧张之余也感到十分喜悦。期盼着能够得到多方指点，并衷心希望以此为契机，推动学术交流的车轮滚滚向前。

2021 年 1 月

大木　康

序

　　"古典新读"系列丛书，是要展示人人尽知的古代经典的新读法，在这一个系列中，缺少了司马迁的《史记》大概是不行的。的确，《史记》自古以来被众多的读者所阅读，关于司马迁或者《史记》的书籍，在今天的书店里也是汗牛充栋。如此多书籍的出现，是因为它们被读者所需要。《史记》是鲜活的，它确实是古典中的古典。

　　与此相对，《汉书》对于现在的我们来说是非常不起眼的存在。岩波文库中收录了《史记》(《世家》《列传》)，而没有收入《汉书》(但有《食货志》的译注)。

　　在今天的日本，《汉书》是被《史记》的光芒远远盖过的。但是，回顾中国悠久的历史，《史记》与《汉书》就像相扑中的东西两横纲一样，总是占据了历代正史的首要地位。东横纲的地位时常易位，也就是说在某些时代，被高度评价的不是《史记》，而是《汉书》。

　　正如在正文中将要进行探讨的那样，《史记》与《汉书》是性格互异的两部史书。通过将两者做对比，读者可以更加明确地把握它们的个性。而且，爱好《史记》与爱好《汉书》的不同时代样貌也将逐渐清晰。可以想见，《史记》和《汉书》将成为中国文化的晴雨表。

基于以上理由，本书试着将《史记》和《汉书》等量并举。

那么，从两者的比较中可以发现什么呢？

第一部分

书籍的旅程

《史记》与《汉书》的两千年

第一章 | 作为正史的《史记》与《汉书》

正统的历史

司马迁在西汉中期、公元前 91 年写成的《史记》，和班固在东汉初期、约公元 80 年完成的《汉书》，是中国历代"正史"的头两部书。

史书随着时代的推移而累积，逐渐增加。现在一般被称作正史的是"二十四史"。"二十四史"的说法，始于 18 世纪清乾隆时代，是指在皇宫的武英殿中刊行的"殿版二十四史"。此后，中华民国九年（1920）完成了"新元史"，时任大总统的徐世昌下令称其为正史，这样就有了"二十五史"。而在 1959 年，中华书局开启了一项大工程，整理出版了校订本"二十四史"，而非"二十五史"。

在乾隆时代"二十四史"定名以前，也曾有"二十三史""二十二史"的说法；在明代，刊刻于当时的国立大学——国子监的是"二十一史"；明末清初的藏书家、刻书家毛晋所刻的汲古阁刊本，乃是"十七史"。我们用表 1 来展示这些内容：

表 1

《史记》《汉书》《后汉书》《三国志》《晋书》《宋书》《南齐书》《梁书》《陈书》《魏书》《北齐书》《周书》《隋书》《南史》《北史》《唐书（新唐书）》《五代史记（新五代史）》
　　　　　　　　　　　　　　　　　　……………… 以上"十七史"

《宋史》《辽史》《金史》《元史》
　　　　　　　　　　　　　　　　　　……………… 以上"二十一史"

《明史》
　　　　　　　　　　　　　　　　　　……………… 以上"二十二史"

《旧五代史》
　　　　　　　　　　　　　　　　　　……………… 以上"二十三史"

《旧唐书》
　　　　　　　　　　　　　　　　　　……………… 以上"二十四史"

《新元史》
　　　　　　　　　　　　　　　　　　……………… 以上"二十五史"

其中《史记》《汉书》《后汉书》自古以来就专门被称为"三史"，有时也加入《三国志》而称为"四史"。《旧唐书》是五代后晋时期刘昫等人奉命编纂的记录唐代事迹的史书，由于五代之后的宋代编成了《新唐书》，而不再受到重视，至明代其流传几乎绝迹。明末，闻人诠根据宋刊本校订出一个《旧唐书》的本子，在清乾隆年间被列入"殿版"，它作为正史又复活了。因此，在《旧唐书》再次现身以前，《新唐书》这一书名没有被使用过。存在于明代的，仅有《唐书》而已（明人所谓的《唐书》，毫无疑问是指《新唐书》）。同样地，《旧五代史》编纂于北宋初年，其后，因为欧阳修《五代史记（新五代史）》的完成而不再流传。现在我们见到的《旧五代史》，是清乾隆年间邵晋涵等人从《永乐大典》等资料的引用中辑佚、复原而来的辑本。明人因为看不到完整的《旧五代史》，因此，对他们来说，《新五代史》这一名称原本就不存在（有的只是《五代史》或者《五代史记》）。

如此，就正史而言，某书或归于正史或不归于正史，此种归类的背后是广义的"政治"的因素在起作用。比较近的例子，如中华民国时期大总统下令而把《新元史》加入而变成"二十五史"，就如实反映了这一点。此后，中华人民共和国时期又剔除了民国时著成的《新元史》，或许原因也是一样。

"正史"原本是指什么？"史"是史书，指相当广泛的记录。中国的图书分类使用传统的四部分类法。这是一种将所有书籍归入"经"（儒教经典）、"史"（记录）、"子"（思想、技术、艺术及其他）、"集"（文学）四大类的分类方法（这四"部"下又分"类""属"等分类项目）。其中"史部"并不仅局限于历史书籍，诸如地理、政治制度、图书目录等，但凡所有与"记录"相关的书籍都是"史"。《史记》《汉书》中不仅有政治事件记录、个人传记，还有与地理相关的记录，《汉书》中还有图书目录——《艺文志》。这样来考虑"史"的概念，就更容易理解吧。

问题是"正"字。"正"指什么？"正"是正确，但此处的"正"并不真正意味着正确或者事实。"正史"的"正"是"正统"的"正"，"正统"与"异端"相对。正统与异端，并不以是否正确、是否以事实为基准来判断。经过某种权威认定的则为正统，如果被打上离经叛道的烙印，则为异端。或者说，一旦被认定为正统，就会成为正确的事实。这也是极为政治化的概念。

与"正史"相对的是"野史"。不被权威认定的就是"野"。唐代韦应物的诗《滁州西涧》中有"春潮带雨晚来急，野渡无人舟自横"一句。此"野渡"就是与"官渡"相对的"野渡"。由政府公认的、公营的河川渡口即是官渡，政府不承认、悄悄开设的渡口则为野渡。因春雨而涨水的河之渡口——野渡之上，连一个乘船的人也没有，船兀自横浮在水上。在这描绘夕阳下寂寞场景的诗句之中，冷清感更加呼之欲出。"野史"即是没有经过国家公认（权威认证）的历史记录。

虽然不能绝对地说是完全自由的，但是历史书任由谁来写都是可以的。实际上，明王朝灭亡后，出现了张岱的《石匮藏书》《石匮书后集》以及万斯同的《明史稿》等多种明代史书。但是，作为正史的《明史》，仅仅是指在清朝皇帝的命令之下、由张廷玉等所编的《明史》，除此之外的《明史》都是野史。在四部分类中，正史《明史》在史部正史类，而不是正史的《明史》则在史部别史类，这两种《明史》被很明确地区别开来。

正史背后有政治权威作为保证，或者说，某种作品之所以成为正史，需要经过政治权威的认定。这是因为，需要通过编纂前朝的历史书来保证当下王朝的正统性，其中的深意在此。比如，推翻元朝而建国的明朝编纂了《元史》，继明王朝之后的清朝编纂了《明史》。这也是主张和保证明王朝是继承元朝的正统王朝、而清王朝则是继承明王朝的正统王朝的手段。

我们以继东汉之后的三国的历史为例来看。220年，曹操之子曹丕声称自己接受了东汉皇帝的禅让，成了魏国的皇帝。这是曹魏的开国。为与之抗衡，第二年即221年，刘备称帝建立了蜀汉。再加上长江中下游的独立势力孙吴，形成了三足鼎立的局面（孙权于222年建立独立年号黄武，至229年称帝）。这是其中的历史过程。

之后，陈寿写作了《三国志》（正史），并成为小说《三国演义》的重要依据。后者是以刘备等蜀汉为正统的立场来书写的。更简单地说，在《三国演义》中，刘备等是好人，曹操等是坏人。但与小说《三国演义》不同，正史《三国志》是站在以魏为正统的立场来书写的。正史，后面还要提到，因袭了《史记》的体裁，用由"本纪"和"列传"组成的纪传体来书写。"本纪"就是作为世界的中心的皇帝的传（这已经超越了个人的传而成为国家的历史），"列传"就是活跃在皇帝周边的个人的传。

三国的时候，不仅是曹魏，蜀汉和孙吴的君主都是皇帝，所以各有各的本纪本来也不奇怪。但是在正史《三国志》当中，冠之以本纪的只有魏国皇帝。曹操的传是《魏书》的《武帝纪》，与之相对应，蜀汉的刘备的传为《蜀书》的《先主传》，吴之孙权的传是《吴书》的《吴主传》，三者被清晰地分别设置在"纪"和"传"的体例之中。

这是为什么呢？陈寿的《三国志》的书写年代是晋朝。陈寿是以侍奉晋的立场来撰写《三国志》的。晋朝本来是魏将军司马氏接受魏帝的"禅让"而建立的王朝。所以，如果不能说明由汉到魏、再由魏到晋这一正统王朝的连续性，那么晋王朝的正统性就无法保证。因此，晋代陈寿的《三国志》仅为魏帝立"本纪"也是顺理成章的。

但是，反过来考虑，如果有以蜀汉或者是吴为正统的历史书也不奇怪。事实上，此后的东晋时代的习凿齿所著的《汉晋春秋》，就不是以魏而是以蜀汉为正统来书写的史书。其中，刘备是汉代皇室刘氏之末裔。如果重视这一点的话，以蜀汉为正统王朝的根据是很充分的（后来，宋代的朱子在其《资治通鉴纲目》中以蜀汉为正统，从此以蜀汉为正统的看法便确立了）。

而且，陈寿本来是蜀汉人，蜀汉灭亡后又仕于晋朝，故对蜀汉不无同情。例如，《魏书》的《武帝纪》称曹操为"曹公""太祖"，而《吴书》的《吴主传》却直接称孙权的名字"权"（讳）。一般而言，在中国，直呼别人的名字是比较失礼的。以名字称呼孙权，而对蜀汉的刘备则以"刘玄德"的字来称呼。以字称呼比以讳称呼更显庄重，所以陈寿对于蜀汉和吴的君主，设置了不同的称呼，对蜀汉的君主显得更加敬重。

首先，我想强调的一点是，书写正史或者史书这一行为，是极具政治意义的行为。其次，再需要强调一点，即司马迁作《史记》、班固作《汉书》的时候，这些著述还不是正史。《史记》《汉书》被认定为正史，并不是著者生前的事，而是后代王朝追认的。

纪传体

如上所述，正史是经过王朝的权威所公认的正统的历史，但它也有别的特点。

"正史"这一概念，最先出现在唐代编纂的《隋书》的图书目录《经籍志》中。《隋书·经籍志》将唐初收藏于宫中的书籍大致分为经、史、子、集和佛经·道经（一般认为，前面提到的中国传统的图书分类法——四部分类法的基本完成就是在《隋书·经籍志》中）。其中排在史部最开头的就是正史。正史中收录了 67 种书籍，其中打头的就是《史记》和《汉书》，而它们的注本也被收录了进来。

虽说由王朝公认的历史书就是正史，但在《隋书·经籍志》中，收录了不同著者的多部"晋书"，这些著作不一定符合"公认的史书"这一定义。《隋书·经籍志》的"史部·正史类叙"云：

> 自是世有著述，皆拟班、马，以为正史。

由此可知，模仿司马迁《史记》、班固《汉书》的体裁，即用纪传体所写的历史书便被称为正史。事实上，现行的"二十四史"全部是纪传体（《新元史》亦然）。

不用说，纪传体的形式是始于司马迁《史记》的。它基于这样的一种结构：以居于世界中心的王或者皇帝的传为"本纪"，以在其周围生活的个人的传记为"列传"，通过这种配置，表现一个时代的历史的整体画面。

与纪传体并列的还有编年体，是按年代顺序来记叙的，《春秋》或者后来宋代司马光所编纂的《资治通鉴》即是此类史书的代表。另外，纪传体的"本纪"基本按年代来记叙事件。从这个意义来说，即便是纪传体，其本纪的部分仍然是编年体。

因此，"正史"可以定义为用纪传体的形式书写的、被王朝的权威所认可的历史书。

第二章 |《史记》与《汉书》的区别

通史与断代史

《史记》与《汉书》都是用纪传体书写的正史，两者之间却有着不同的特征。最大的差异在于，《史记》是西汉中期以前的中国通史（用当时的感觉来看，可以说是世界通史），与之相对的，《汉书》是西汉王朝这一个朝代的断代史。虽然同样是纪传体的体裁，但是这一差异首先带来本纪在意义和内容上的巨大不同。

《史记》的本纪是：

五帝本纪、夏本纪、殷本纪、周本纪、秦本纪、秦始皇本纪、项羽本纪、高祖本纪、吕太后本纪、孝文本纪、孝景本纪、孝武本纪。

与此相对，《汉书》的本纪是：

高帝纪、惠帝纪、高后纪、文帝纪、景帝纪、武帝纪、昭帝纪、宣帝纪、元帝纪、成帝纪、哀帝纪、平帝纪。

《史记》完成于西汉武帝时期，里面当然没有《昭帝纪》以下的本纪。又，《史记》的《孝武本纪》（司马迁本人的生活时代的本纪）被认为是后人所补入的。

《汉书》从西汉初期的皇帝高祖刘邦的传开始，到最后平帝的传为止，为历代皇帝立了本纪。唯一的例外是为高祖的皇后吕后立了传，即《高后纪》（这一点是承袭《史记·吕太后本纪》而来）。

根据中国历代的王朝体制，皇帝是世界的中心。人的价值基本上也是根据与皇帝之间的距离来衡量的。与没有担任官职的人相比，担任官职的人与皇帝的距离更近，对国家的贡献更大，因此地位也更高。而官僚之中，任一品官的官僚比任五品官的官僚与皇帝的距离更近、地位更高。基于这样的世界观，史书撰写也以如下的假设作为背景：若将皇帝的传记持续记载下去的话，它们就能构成历史的纵线。我们可以看到，《汉书》（及《汉书》以后的正史）是将皇帝的存在作为坐标轴加以牢固确立的。反过来说，皇帝以外的人是不能成为本纪的记载对象的。

在《史记》当中，《秦始皇本纪》以后是以个人的传为本纪，但是此前的篇目是为夏、殷、周、秦等王朝立本纪——尽管为王朝立本纪也可以说是用记载王侯个人时代的方式将事件记录下来。例如，《夏本纪》即是从夏禹开始，到夏后帝启、太康等君王，是由一代一代君主的传记构成；《周本纪》则记载了宣王十二年发生了什么事、三十九年发生了什么事，其形式也是如此。

《史记》的《周本纪》之后是《秦本纪》，从秦的始祖开始一代一代地往下讲述历史的《秦本纪》不可避免地会与《周本纪》形成时代和内容的重复。而且在《秦本纪》当中，司马迁会以秦代君主的年号来表示年代，如"秦文公某年"这种形式。对于同一个时代，本纪的记叙重复进行，并且有多个纪年同时存在，这大概意味着世界的中心也是数个并存的。这与一个王朝、一个时代仅有一个皇帝位于世界中心的思考路径大不相同。

周代末期，进入战国，这是一个各国谋求霸权、争端纷起的时代。虽然其结果是秦始皇最终统一了天下，但当时各大强国谋求霸权并激烈交锋，秦国不一定时时占据天下的中心。《秦本纪》之所以被赋予了特别的位置，是因为秦始皇统一了天下，这个结果导致了"秦"的独特性。正所谓"胜者为王败者寇"。

《史记》与《汉书》的本纪的差异，在《史记》的《项羽本纪》中表现得尤其显著。项羽并没有当上皇帝、建立王朝，但当他灭秦之后，确实在一段时期内称霸天下。司马迁根据项羽实质上充当了皇帝角色这一事实，为项羽立了本纪。对司马迁来说，形式上是否有皇帝之名并不是重要的问题。如果拘泥于皇帝的称号，则秦始皇之后，二世胡亥、三世子婴也做了皇帝，但司马迁没有为他们作"胡亥本纪"之类的传。

另外，《汉书》毕竟是汉王朝的历史，从第一代皇帝高祖开始写起是理所当然的。但《汉书》却收录了首先竖起反秦旗帜的陈胜（这位陈胜的传记被《史记》收入了世家，即诸侯的历史中）和高祖的最大的竞争对手项羽的传记。但它们并没有被收入本纪或世家，而是被放进了列传。陈胜与项羽的传记被置于《汉书》列传的开头，即卷三一"陈胜项籍传第一"。对于《史记》，班固如此说道：

> 汉绍尧运，以建帝业，至于六世，史臣乃追述功德，私作本纪，编于百王之末，厕于秦、项之列。（《汉书·叙传》）

班固认为，《史记》的违和感在于，汉之本纪在百王之后（按时代顺序书写的话这也是很自然的事），而且与秦始皇、项羽等量齐观。换句话说，司马迁似乎将汉王朝相对化了。王莽篡夺西汉政权以后，光武帝刘秀统一了乱世，复兴了汉王朝，对班固来说是毫无疑问的君主，就像这里所说的"汉绍尧运，以建帝业"那样，汉朝是绝对的存在。在这里司马迁与班固有很大的不同。

另外，《汉书》的《高帝纪》后有《惠帝纪》，接着是《高后纪》《文帝纪》，与此相对，《史记》的《高祖本纪》后面是《吕太后本纪》，其次是《孝文本纪》。即《史记》中没有惠帝的本纪。惠帝是高祖之子，高祖死后，于16岁登基直到23岁去世期间都在位。但是惠帝时代握有政治实权的是吕后，惠帝丧失了施政欲望，不过是装饰品。司马迁重视这一事实，没有为惠帝立本纪。《汉书》则看重即便是装饰品，惠帝依然是正统的皇帝这一点，为惠帝立了本纪。

惠帝为什么丧失了施政欲望，以致日日饮酒、沉迷淫乐呢？

这是因为出现了众所周知的、令人胆寒的吕后杀害戚夫人和赵王如意的事。吕后是高祖刘邦地位卑贱时一起同甘共苦的正妻，他们的儿子（后来的惠帝）成了皇太子。但是，据《史记·吕后本纪》，高祖曾想立爱姬戚夫人所生的赵王如意为皇太子，代替"为人仁弱"的皇太子。高祖晚年，吕后被疏远，皇太子有好几次差点就被取代，当时是由于有张良在其中运作，才没能成事。后来高祖去世，惠帝刚一即位，吕后就试图毒杀赵王。"仁弱"的惠帝几次护住了赵王，但吕后还是趁惠帝不在时毒杀了赵王如意。接着，吕后又砍断戚夫人的手足，挖去她的眼睛，弄聋她的耳朵，让她喝下毒药以致无法发声，再把她扔进厕所，称为"人彘"。当时的厕所的构造是，人在高处解手，饲养在下面的猪就以人的排泄物为食。吕后将戚夫人扔进猪所在的地方（排泄物的堆积处），所以叫作人彘。吕后将儿子惠帝唤出，让他看这位戚夫人的样子。当惠帝得知在排泄物中蠕动的物体就是戚夫人之后，大病一场，一年多不能下床。惠帝说："这不是人能做到的事，我即便是太后的儿子，也实在没有办法治理天下。"于是沉溺于饮酒，不再过问朝政。

上面一段，《史记》记载于《吕后本纪》中；《汉书》不是记载在《吕后纪》里，而是在《外戚列传》中。《汉书》既然在《外戚列传》中记载了这一事实，则不是想要抹杀掉这一事件。班固也不愿隐去事实，而想让这个故事流传下去，但这一段内容是放入本纪还是其他地方，则情况大不相同。就司马迁的《史记》而言，本纪只是意味着世界的中心，并不论其是非善恶。秦始皇也好，项羽也罢，《秦始皇本纪》和《项羽本纪》当中都记载了二人非常荒唐不堪的行为。但是班固似乎有这样的想法：处于王朝（汉王朝）中心、世界中心的皇帝不能有一丝的非和恶，至少不能将它们书写下来。可以说，《汉书》的本纪就是这样被美化了，可以说这是从"实然的历史"到按照应有的样子来叙述的"应然的历史"的转换。这种区别是两位作者的思想上的区别，也与他们不同的政治立场有关。关于这一点，待以后再来探讨。

世家的存在

虽然《史记》《汉书》都是按照由本纪和列传所组成的纪传体的结构来书写，但实际上它们不只有本纪和列传，还含有其他内容。《史记》由本纪、表、书、世家、列传、太史公自序几部分组成，而《汉书》则由本纪、表、志、列传、叙传组成。本纪、列传、表是两者共有的。"表"就《史记》而言，是《三代世表》《十二诸侯年表》等年表。因为纪传体的形式是以个人的行为为焦点进行叙述，所以尽管说本纪是编年的形式，但是年代的先后是很难弄清的。特别是《史记》，世家的年代因为分别使用了各国君主的纪年，所以更加难懂。表的出现就是为了弥补这种缺点。例如，《史记·周本纪》记载了襄王三年的事件。在《十二诸侯年表》中看周襄王三年，则能查到这一年是齐桓公三十七年、秦穆公十一年，一目了然。

《史记》的"书"与《汉书》的"志"，是关于制度、地理、天文等的记录。《史记》中有《礼书》（仪礼）、《乐书》（音乐）、《律书》（音律）、《历书》（历法）、《天官书》（天文）、《封禅书》（祭祀）、《河渠书》（河川）、《平准书》（经济），《汉书》中有《律历志》《礼乐志》《刑法志》《食货志》（经济）、《郊祀志》（祭祀）、《天文志》《五行志》（灾异）、《地理志》《沟洫志》（河川）、《艺文志》（图书目录）。

"世家"，在《史记》中是以《吴太伯世家》《齐太公世家》为首的诸侯的历史。周王朝的封建时代，位于世界中心的是周王室，但周王朝将各个领地赐予了各个诸侯，他们通过世袭，一代代继承下来。这与江户时代日本的将军家族与各地大名的关系相类似。将军家族相当于周王室，各地大名相当于吴、齐等诸侯。如果不写大名的历史，则不能表现一个时代整体的历史。因此，世家便出现了。就《史记》而言，创作世家这一项，主要是为了记述周代的各地诸侯的历史，世家存在于《史记》中，而不存在于《汉书》中。至于汉代，皇帝的儿子们作为诸王被分封了领地，又有萧何、张良等因为建功而被分封了领地，这些王子功臣也都可以说是诸侯。在《史记》当中，《楚元王世家》《荆燕世家》《齐悼惠王世家》《梁孝王世家》《五宗世家》《三王世家》等即是刘氏诸王的传记，《萧相国世家》（萧何）、《留侯世家》（张良）等即是功臣等的传记。在《汉书》当中，这些王者的传，以《高五王传》（高祖的五位儿子的传）、《文三王传》（文帝的三位儿子的传）的形式被收录于列传中，张良等功臣的传记也归入列传。《史记》中帝王与个人之间存在着诸侯这一层级，而《汉书》则强调皇帝与其他人之间的距离。

另外，《史记》"世家"除了收录诸侯的历史，也将孔子（孔子并非诸侯）和上文提到的首举反秦旗帜的陈胜的传记加入其中。可见，《史记》是将有重大影响的人物列入世家，而不论其地位。世家一开始的确叙述的是各个诸侯的历史，后来其性质有了改变，将具有本纪以下、列传以上影响的人归入了世家。孔子、陈胜的传列入世家即是此例；帮助高祖刘邦建立汉朝、卓有贡献的大臣萧何、张良的传收入世家也是此例。而同样是功臣却没能善终的韩信，其传记被归入了《淮阴侯列传》，由此可见《史记》在评价萧何、张良、韩信时的差别。此外，《淮南衡山列传》是刘氏诸王中淮南王、衡山王等人的传记，但由于他们是叛变刘氏宗族的"吴楚七国之乱"的当事人，所以不列入世家，而是列入了低世家一等的列传当中。从这里也可以看出司马迁的态度。

作为断代史的《汉书》不需要世家，在后世正史之中，除了《新五代史》以十国的历史充当世家之外，世家都不存在。这是因为断代史中，只有各王朝的皇帝是中心，其他势力理论上都不存在。之所以说理论上，是因为让历代王朝烦恼的异民族国家确实存在，例如威胁汉代北边的匈奴（这正是司马迁叙述的李陵事件的背景）、唐代时颇有势力的突厥、吐蕃、回鹘等。但《史记》仅设了《匈奴列传》，《新唐书》仅设了《突厥列传》《吐蕃列传》《回鹘列传》等项目而已。正史从某种意义上来说，仅仅记载的是汉民族的，或者说是所谓本部中国的历史，其他势力即便已经形成了国家的雏形，也部分被看作个人行为，而不被当作政治势力。

在各自的结尾，《史记》有司马迁的《太史公自序》叙述撰写《史记》的意图，而《汉书》同样有班固的《叙传》。它们是重要的探寻作者撰述意图的材料。

在《史记》各篇的末尾处，有以"太史公曰"开头的论赞，是对该篇的评论。以《滑稽列传》为例：

> 太史公曰：淳于髡仰天大笑，齐威王横行；优孟摇头而歌，负薪者以封；优旃临槛疾呼，陛楯得以半更。岂不亦伟哉！

楚攻入齐的时候，齐威王命令淳于髡到赵国去请求援军。当见到准备送给赵国的礼物时，淳于髡大笑起来。齐王问他为什么笑，他回答说："我在进宫的路上，看见有人用一只猪脚和一碗酒向田神乞求五谷丰登，所以笑了。"齐威王意识到他笑的是用少量的礼物意图获得巨大的回报，于是增加了送给赵国的礼物。如此，赵国派来了援军，楚国退兵了。优孟、优旃也是以笑为武器向主君谏言的人。由这一论赞（特别是"岂不亦伟哉"）可以清楚地知道，即便是宫中侍奉王侯、身份低微的滑稽文人（或者正因为是滑稽文人），也能像淳于髡那样说出一般人无法从正面说出的劝谏王侯的话，而且能取得很好的成效，这一点得到了司马迁的高度评价。

对历史叙述进行是非善恶的评价，并加以记载，在更古老的史书《春秋左氏传》《国语》中也可以看到。但记载这种评论的位置，绝对不是固定在此处。在各篇的末尾加上论赞这一体裁，司马迁《史记》是第一个，而这一形态被《汉书》以下的各个正史所继承。但是，《史记》中的"太史公曰"，在《汉书》《后汉书》中替换为"赞曰"，在《三国志》中则为"评曰"，形式多样。

论赞放在文章的末尾这一形式，也被由从史书发展而来的"传"这一散文体裁所继承。例如唐代韩愈的《毛颖传》末尾，正有以"太史公曰"开头的论赞，又如唐代柳宗元的《宋清传》《李赤传》等，有以"柳先生曰"开头的论赞。直到清代蒲松龄的志怪小说《聊斋志异》，其各篇末尾也有"异史氏曰"的评论。这种形式的滥觞正是《史记》的"太史公曰"。

班固的《汉书》学习了司马迁的多种体裁，这一点一目了然。但二者一个是通史，一个是断代史，因此体裁的差异也因之产生。

《汉书》尽管在很大程度上继承了《史记》的形式，但也有《史记》所没有的独特内容。比如"表"中的《古今人表》。《古今人表》将古今人物评价、划分为"上上圣人""上中仁人""上下智人"直到"下下愚人"的九个层次。《汉书》虽然是断代史，但这个"古今人表"往上将三皇至尧舜也纳入了视野范围。班固附上《古今人表》，难道不是有过些许撰述通史的想法吗？关于《汉书》这个独特的《古今人表》，留待本书第二部分再来详谈。

"历史"从何处开始书写

历史叙述从何处开始书写？这一点对断代史《汉书》来说不成问题，因为从第一代皇帝开始写起是板上钉钉的事。《汉书》第一卷是《高帝纪》，高祖刘邦的传。从后世的正史来看，事实上没有称帝的人也立有本纪，这种情况不是没有。例如三国时代的魏，在建国事业上功勋卓著的是曹操，但他生前没有当皇帝，他自己也没有建立一个叫作魏的王朝。魏之建国是在曹操死后，其子曹丕所为。但是，正史《三国志·魏书》开始于《武帝纪》即曹操本纪。

与此相对，《史记》要记载的是直到司马迁自身生活的西汉中期为止的整个中国史（某种意义上来说是整个世界史），因此从何处开始叙述就成了一个很大的问题。关于这一点，司马迁在《史记》开篇的《五帝本纪》的末尾，用"太史公曰"的形式说道：

太史公曰：学者多称五帝，尚矣。然《尚书》独载尧以来；而百家言黄帝，其文不雅驯，荐绅先生难言之。孔子所传宰予问《五帝德》及《帝系姓》，儒者或不传。余尝西至空桐，北过涿鹿，东渐于海，南浮江淮矣，至长老皆各往往称黄帝、尧、舜之处，风教固殊焉，总之不离古文者近是。予观《春秋》《国语》，其发明《五帝德》《帝系姓》章矣，顾弟弗深考，其所表见皆不虚。书缺有间矣，其轶乃时时见于他说。非好学深思，心知其意，固难为浅见寡闻道也。余并论次，择其言尤雅者，故著为本纪书首。

《五帝本纪》所说的五帝是指黄帝、颛顼、帝喾、唐尧、虞舜。
这一段话传递出司马迁深深的苦恼以及他的决心。也就是说，司
马迁也想让历史叙述与儒家经典（在这里指《尚书》）保持一致，但
《尚书》的记述从尧开始，尧以前的黄帝、颛顼、帝喾，《尚书》
并没有记载（同样的问题在《伯夷列传》中也有触及。关于这个问题，参照
第二部分）。这里的荐绅先生、儒者们以儒教的经典里没有关于黄
帝、颛顼、帝喾的记载为由，不相信关于他们的传说。但是，正
是孔子传下了记述尧舜以外的三帝的《五帝德》《帝系姓》等书
籍，而司马迁自己周游列国，从耆老那里听到了许多关于黄帝的
故事。实际上，既然传闻被继承了下来，就不得不相信黄帝的存
在。尽管《尚书》（《古文尚书》）里也有缺失，但不能断定关于黄
帝的记载完全不存在。因此，即便儒家的书籍里没有相关记载，
但他仍然从其他百家之书中选取了典雅的记述，撰成了《五帝
本纪》。以上就是司马迁的说法。虽然他尊重儒家书籍，但在
这里他所下的决断，采取的是不将儒家书籍作为绝对基准这一
立场。

引文中的"雅"，有与"俗"相对的典雅之意，也有像《毛
诗》（《诗经》）的《大序》"雅者正也"所说的"正"的意思。因此，
这里的意思就成了从各种书籍中所能看到的关于黄帝等人的记载
中，选择正确的加以记录。认为《史记》的记叙应当从黄帝开始，
这与司马迁之父司马谈，以及司马迁自身对道家思想抱有好感相

南宋黄善夫刊本《史记》
开篇附有《三皇本纪》

关。因为流行于西汉时代且被他们所信奉的黄老思想，就是根源于黄帝和老子的思想。

另外，司马迁叙述《史记》从黄帝开始，而后来为《史记》作注释（《史记正义》）的唐代司马贞又撰述了《三皇本纪》。此后，《史记》的多数文本都将《三皇本纪》置于《五帝本纪》之前。要注意的是，在历代《史记》的版本当中，附有《三皇本纪》的本子普遍流行。对当时的读者来说，没有《三皇本纪》的本子反而是不自然的。现在中华书局"二十四史"本的《史记》，基于

29

近代以来所崇尚的作者原创主义的原则，反而没有将非司马迁所作的《三皇本纪》收录进去，这从某种意义上来说是近代式的思维方式吧。

古文或者骈文——文体之差异

《史记》与《汉书》，有文辞不同，也有文体的差异。不用说，《史记》《汉书》所记叙的时代有重合，至少本纪、列传是两者共同的。本纪之中，如《高祖本纪》（《汉书》中为《高帝纪》）、《吕太后本纪》《孝文本纪》《孝景本纪》《孝武本纪》，列传之中，从陈胜、项羽，到辅佐高祖刘邦建立汉王朝、功勋卓著的韩信、彭越、萧何、张良等人的传，在《史记》《汉书》中当然都有收录；也可以说，班固直接使用了司马迁的文辞。甚至像宋代的郑樵，指责班固剽窃了司马迁，说班固几乎没有自己创作的部分。

《汉书》的执笔始于班固的父亲班彪。这一点，与司马迁的父亲司马谈开始书写历史而司马迁加以继承的情况相类似。班彪是司马迁之后的人，当然参照了司马迁的《史记》。如后文所示，班彪对司马迁的《史记》表达过相当严肃的意见；而对《史记》的文句，他如此评论道：

> 然善述序事理，辩而不华，质而不野，文质相称，盖良史之才也。（《后汉书·班彪传》所引《后传》略论）

班氏父子批评了司马迁的思想格调，但对文句却给予高度评价。基于这种立场，与《史记》记录时代重复的部分，《汉书》原原本本地使用了《史记》的文字。即便如此，如今我们通过对比两者可以知道，班固还是在文辞上做了修饰。如果班氏完全满足于《史记》，则班固只需要写《史记》没写的内容即可。但他新写了另一部《汉书》，而且对《史记》的文辞做了修饰，这正是基于对《史记》的不满。

那么，班固对《史记》的文辞做了怎样的修饰？例如，同样是高祖刘邦传中的一节。汉高祖刘邦还在做亭长（宿驿之长）的时候，曾经和壮士一起在醉酒的情况下赶路。上前探路的人回来说，前面有一条大蛇挡住了去路。接着，《史记》说：

高祖醉曰："壮士行，何畏！"乃前，拔剑击斩蛇。蛇遂分为两，径开。

而《汉书》做了如下修改：

高祖醉曰："壮士行，何畏！"乃前，拔剑斩蛇。蛇分为两，道开。

将"拔剑击斩蛇"这五个字的句子改为"拔剑斩蛇"四个字的句子，将"蛇遂分为两"五个字也改为"蛇分为两"四个字。

又如，项羽的传记中，记载了项羽最后被汉军包围的情景。到了夜晚，四面八方响起项羽的出生地——楚国的歌。《史记·项羽本纪》云：

　　项王军壁垓下，兵少食尽，汉军及诸侯兵围之数重。夜闻汉军四面皆楚歌，项王乃大惊曰："汉皆已得楚乎？是何楚人之多也！"项王则夜起，饮帐中。

　　项王的军队在垓下筑起壁垒，兵少，粮食也将耗尽。汉军及诸侯之兵将他们重重包围了。夜晚，项王听见汉军四面唱起了楚歌，大惊失色："汉军已经完全得到楚国了吗？为什么楚人这样多！"项王于是半夜起床，在帐中饮酒。

与此相对，《汉书·项籍传》做了如下修改：

　　羽壁垓下，军少食尽。汉帅诸侯兵围之数重。羽夜闻汉军四面皆楚歌，乃惊曰："汉皆已得楚乎？是何楚人多也！"起饮帐中。

　　羽在垓下筑起壁垒，但军势少，粮食也将耗尽。汉军率诸侯之兵将他们重重包围了。羽在夜晚时分听见汉军四面唱起了楚歌，大惊失色："汉军已经完全得到楚国了吗？为何楚人这样多！"于是起床，在帐中饮酒。

这里有将项羽称为项王，或者称为羽的区别，但也将"项王军壁垓下"的六字句改成了"羽壁垓下"的四字句，又将"项王则夜起，饮帐中"改成了"起饮帐中"的四字句。

比较两者，从文字的使用频率来说，《汉书》确实几乎原原本本地使用了《史记》的文字，但也可以窥见，司马迁《史记》的文辞不一定拘泥于字数，而班固的《汉书》却有写四字句的、规律性很强的文句的倾向。

从中国文学史的角度来看，原本不拘泥于字数的先秦散文（后世称为古文），到了六朝时代，已经向四字或六字且字数整齐的骈文（四六骈俪文）推移。班固的时代正是这个推移开始的时代。《汉书》对规律性的追求，是以这种时代倾向为背景的。若就文体而言，《史记》是古文风格的，《汉书》是骈文风格的。

古文与骈文代表了其后两种文体的潮流，并且随着时代递嬗而兴衰。对《史记》与《汉书》的评价也随着对这种文体的嗜好的起伏而变动。关于这一点我们后面再谈。

与儒教的距离——思想之差异

《史记》与《汉书》的不同也在于其背后的思想差异。在上述文辞的内容当中引用过的《后汉书·班彪传》（班彪的《后传》略论）中，班彪曾经批评过司马迁的《史记》。包括之前的引用在内，前后文一起看的话，则如下所示：

其论术学，则崇黄老而薄五经；序货殖，则轻仁义而羞贫穷；道游侠，则贱守节而贵俗功：此其大敝伤道，所以遇极刑之咎也。然善述序事理，辩而不华，质而不野，文质相称，盖良史之才也。诚令迁依五经之法言，同圣人之是非，意亦庶几矣。

简单来说，班彪不喜欢的是司马迁轻视儒教这一点。班彪之子班固在《汉书·司马迁传》的论赞中也对《史记》做了如下批评：

至于采经摭传，分散数家之事，甚多疏略，或有抵梧。亦其涉猎者广博，贯穿经传，驰骋古今，上下数千载间，斯以勤矣。又其是非颇缪于圣人，论大道则先黄老而后六经，序游侠则退处士而进奸雄，述货殖则崇势利而羞贱贫，此其所蔽也。

这里，班固一边肯定司马迁广泛收集资料，一边继承其父的评价，仍然是针对"先黄老而后六经"这一点，并对后者的材料运用方法进行了批判。

被班氏父子一致批判的、司马迁的"崇黄老而薄五经"，是怎么回事？《史记·太史公自序》中，有批评儒家、墨家、法家等思想的一节。其中，关于儒家的批评如下：

夫儒者以六艺为法。六艺经传以千万数，累世不能通其学，当年不能究其礼，故曰"博而寡要，劳而少功"。若夫列君臣父子之礼，序夫妇长幼之别，虽百家弗能易也。

34

司马迁认为儒家在论君臣父子等秩序的这一点上表现十分优异，但在前半部分当中，写着一些令尊奉儒教的人不寒而栗的内容。此后，明末李贽（卓吾）也写过类似的内容；他刚一批判儒教，就被投入监狱，并在狱中被迫自杀。说起中国的王朝，人们多认为是儒教独尊；但是在司马迁的时代，儒教的地位还没有像后世那样稳固。汉代，儒教国教化的标志是武帝建元五年（前136）因董仲舒的献策而设立的"五经博士"。这还是司马迁10岁时的事情。司马迁自己似乎直接受教于董仲舒、孔安国等儒学学者，但从这里看到的他对儒学的否定性发言来看，司马迁似乎对国教儒教并没有那么崇信。近年，福井重雅、浅野裕一、渡边义浩等人，对由董仲舒引起的、所谓的儒教"国教化"提出了疑问。这样看来，则司马迁抱有这样的想法更是很自然的事情了。有人认为，《太史公自序》的这一部分，反映了其父司马谈的思想。但即便是如此，司马迁确实也认同了这种对儒教的负面意见，并将它写入了《史记》。

与此相对，在东汉班固的时代，国教儒教已经完全变成了像空气那样毫无怀疑余地的存在。司马迁的这种轻诋儒教的姿态，对班固来说，终究还是难以接受的吧。

司马迁、班固两人生活的时代，差异巨大。班彪、班固共同将司马迁《史记》中的《货殖列传》《游侠列传》列为非难的对象。而且，司马迁大力表彰在儒教秩序的框架外生存的这些人，可以说令班固十分反感。《史记·货殖列传》的论赞中，"太史公曰"：

富无经业，则货无常主，能者辐凑，不肖者瓦解。千金之家比一都之君，巨万者乃与王者同乐。岂所谓"素封"者邪？非也？

司马迁并不否定聚敛，他也评价了不择手段成为富豪的这些人。《汉书》也有《货殖传》，但读之可以发现，《汉书》记载的这些人行为不端，虽家累千金但不能保全富贵，批评他们"不轨奢僭""伤化败俗，大乱之道"等。对于赚钱的人，《汉书》是一概否定的。即便地位低下，"巨万者乃与王者同乐"，班固正是把这一点看成是很危险的思想。

为防万一，在这里稍作补充。虽然说是思想上的不同，但绝不是说司马迁是道教，班固是儒教；他们不是儒教与非儒教之间的对立。司马迁至少是尊重儒教，或者说是想要尊重儒教的。

在这里我们不涉及"儒教究竟是什么"这一本质性的讨论，但儒教的一个重要特征大概就是对儒家经典的尊重。全部的真理，或者作为人所应当遵守的规范，都写在经典里。在讨论《史记》的叙述从何时开始这一问题时，我曾经说过，司马迁首重儒教经典《尚书》。正因为尊重，故对《尚书》中没有黄帝、颛顼、帝喾的记载而烦恼，最后他决定根据非儒教经典的记载，撰写从黄帝开始的《五帝本纪》。而且，他也试图续写被看作孔子所作的历史书《春秋》（关于这一点，下节再论）。即便是司马迁，也明确承认儒教的这一标准。

但是，司马迁有时竟不遵守儒教的标准，从儒教的框架中超脱出来。《货殖列传》《游侠列传》正好可以看作是他从儒教的框架中超脱出来的显著例子。班彪、班固正是对这种超脱之处有所不满。因此，这里虽然说是思想的不同，但并不是儒教与非儒教之间的对立，更准确地说是把握与儒教之间的距离的不同。

第三章 ｜ 司马迁的一生

"我若亡，你必成太史"

司马迁生于公元前 145 年左右，卒于公元前 86 年前后。虽然他出生在龙门（今陕西省韩城县），但因其父司马谈官任太史令一职，6 岁时便到都城长安生活。司马迁年轻时周游各地，增长了见识。那些经历对撰写《史记》颇有裨益。《史记》结尾的《太史公自序》是叙述作者创作《史记》意图的自传。正如文中所写的：

太史公（司马谈）既掌天官，不治民。有子曰迁。

迁生龙门，耕牧河山之阳。年十岁则诵古文。二十而南游江、淮，上会稽，探禹穴，窥九疑，浮于沅、湘；北涉汶、泗，讲业齐、鲁之都，观孔子之遗风，乡射邹、峄；厄困鄱、薛、彭城，过梁、楚以归。于是迁仕为郎中，奉使西征巴、蜀以南，南略邛、笮、昆明，还报命。

正像前面所引的《五帝本纪》中所说"余尝西至空桐，北过涿鹿，东渐于海，南浮江淮矣"，《史记》记载了司马迁游历各地时的行程（对于这一点，佐藤武敏《司马迁研究》第四章"司马迁之旅行"曾有过整理），具体寻访过的地方，尽管各种描述有一些出入，解释也各种各样，但是从北到南，甚至从东到西，他都曾经游历过。在交通不发达的 2000 多年前能游历偌大的中国实在很难得。探访巴蜀是奉皇帝之命，而年轻时的旅行，其目的却没有具体写明，大概可以说是为增长见识的一种游学之旅吧。

武帝元朔五年（前 124）左右，司马迁 22 岁时，开始担任郎中一职。关于担任郎中的年份，有几种说法，但我们假设是在这一年。关于郎中，《汉书·百官公卿表》记载："郎掌守门户，出充车骑。"虽然官阶不是很高，只是皇帝的侍从官员之一，但往往是晋升为高官的起点。司马迁似乎是通过参加博士弟子考试成为郎中的。元封元年（前 110），司马迁 36 岁的时候，武帝在泰山举行封禅大典。司马迁的父亲司马谈因为没能参加这个大典而激愤不已，抱病而死。所谓封禅，是天子在泰山举行的祭祀天地的盛大仪式，作为太史之官而不能参加这样的盛典，司马谈为此感到非常不满。因此，司马迁接受了父亲的遗命，立志完成史书。在《太史公自序》中有如下记载：

是岁天子始建汉家之封，而太史公留滞周南，不得与从事，故发愤且卒。而子迁适使反，见父于河洛之间。太史公执迁手而泣曰："余先周室之太史也。自上世尝显功名于虞夏，典天官事。后世中衰，绝于予乎？汝复为太史，则续吾祖矣。今天子接千岁之统，封泰山，而余不得从行，是命也夫，命也夫！余死，汝必为太史；为太史，无忘吾所欲论著矣。……自获麟以来四百有余岁，而诸侯相兼，史记放绝。今汉兴，海内一统，明主贤君忠臣死义之士，余为太史而弗论载，废天下之史文，余甚惧焉，汝其念哉！"

这里，记述了司马谈将写史书的事嘱托给儿子司马迁的理由。"自获麟以来四百有余岁"，是指孔子将历史记录《春秋》（在这里《春秋》被看作孔子自己所著的书）写到获麟这件事为止。《春秋》哀公十四年有"十有四年春，西狩获麟"的记载。麟这种动物本来是古代圣明天子在位时期的象征，却出现在乱世，孔子悲叹之，因此《春秋》搁笔于此。哀公十四年是公元前481年，到公元前110年，大约400年。由于不久之后经历诸侯之间的兼并，即战国时代的战乱，历史记载散佚。侥幸保存下来的诸侯国历史书也在秦始皇统一全国时，被全部付之一炬了。加之当时中国处于四分五裂的状态，所以并没有一种在权威的、统一的标准之下编纂而成的历史书。

现在，汉这个统一的帝国的建立，使得再次编纂历史书籍的条件变得成熟。孔子因"获麟"这件事而搁笔的《春秋》，也可以继续书写下去。而应当承担、完成这项工作的，不是别人，正是先祖世世代代以来担任史官的自己的家族。自己作为史官，还没能完成书写历史的工作就要死了，希望儿子能够完成这项工作。父亲的遗言、作为历代史官的使命，这也是司马迁撰写《史记》的重要动机之一。

使历史记录成为经典

父亲司马谈曾官至太史令。太史令曾是掌管天文与历法的官员。那么，为什么掌管天文历法的太史令会与史书联系在一起呢？历朝历代，为什么会专设官员观察日月星辰、天文现象，以及更加广阔的自然现象呢？这些并非都是基于探求自然规律的科学精神，反而是基于对政治的深切关联。

时代稍后的晋朝有位叫干宝的史官，他所写的《搜神记》的卷六里有这么一条记载：

汉献帝初平中，长沙有人姓桓氏。死，棺敛月余，其母闻棺中有声，发之，遂生。占曰：至阴为阳，下人为上。其后曹公由庶士起。

汉献帝初平年间长沙的桓氏这一句，何时、何地、何人等信息都被仔细地记载下来了。从文字上看，这是历史的记述方式。这短短的一段可以分成两个部分：前半部分讲长沙的桓氏本来死了，一个月之后又起死回生的故事；后一部分讲曹操由身份低微的庶士而出人头地的故事。这两个故事之间本来没有任何关系。在这里，把两件事情联系起来的媒介，就是文中所引用的占卜之辞："至阴为阳"，当作为阴的极致的死者再次得到生命（阳）的时候，"下人为上"就会发生，即身份卑贱的下人就会成为领袖。

也就是说，记录奇闻逸事（这里指人死而复生的事）的目的是预知政治。观测星象运转异常等偶发现象，正是为了探寻某种政治事件的征兆。

既然目的是预测政治，那么在太史令的手中，就会积累观测自然现象的记录，同时也会积累人世间事件的记录。在司马迁亲自所写的《报任安书》（《汉书·司马迁传》所引）中，作为太史令的职责，可以看到"文史星历"这样的字眼。这个"星历"是对自然现象的记录，而"文史"不就是指对人世间事情的记载吗？当有异常现象发生的时候，太史令便把自然现象的记录与其前后所发生的人事的记录进行对照，加以检讨。司马迁的父亲司马谈之所以因为不能参加西汉的武帝在泰山举行的封禅大典而悲愤致死，是因为封禅是祭祀天地的仪式，作为太史令本来是应当密切关注并详细记录这样的盛大仪式的。

《史记》里的《天官书》是有关天文的记录。它先是对天上的星星进行观察和解说，然后行文转向天文与人事之间的对应。例如：

> 秦始皇之时，十五年彗星四见，久者八十日，长或竟天。其后秦遂以兵灭六王，并中国，外攘四夷，死人如乱麻，因以张楚并起，三十年之间，兵相骀藉，不可胜数。自蚩尤以来，未尝若斯也。

这是将秦始皇时代出现彗星这一自然现象，与秦朝统一战国乱世，秦汉之际持续混乱这一历史事件进行了关联。

太史令有记录历史的使命，即是基于这样的理由。司马迁就任太史令这一职务后，在《报任安书》里如此说道：

> 仆之先人非有剖符丹书之功，文史星历近乎卜祝之间，固主上所戏弄，倡优畜之，流俗之所轻也。假令仆伏法受诛，若九牛亡一毛，与蝼蚁何异？

当时有把太史令这个职业与"卜祝"（占卜师和巫师）和戏子画等号的观念。当然，这或许是司马迁自己的谦虚之词，但在中国，直到后世人们都认为与实用技术相关的学问是低下的。在学问中，最有价值的、地位最高的是儒学、文学那样的"学"，法律和技术之类本来就不能称为"学"，而被认为是较低等的"技"或者"术"。对天文历法的观测调查，以及对史实的记录，只不过是事务性的工作。

但是，司马迁打算将这种作为事务性记录的"史"，升格为真正的"学"。促使他激情满满地从事这一事业的，便是儒家经典之一的《春秋》。正如父亲司马谈在遗言中所说的那样，《史记》强烈地表达了它与前代史书《春秋》之间的继承关系。司马迁在《太史公自序》中引用董仲舒的话说：

> 周道衰废，孔子为鲁司寇，诸侯害之，大夫壅之。孔子知言

之不用，道之不行也，是非二百四十二年之中，以为天下仪表，贬天子，退诸侯，讨大夫，以达王事而已矣。

董仲舒是西汉武帝时代，竭尽全力提高儒教社会地位的人。在儒家内部，他也是把《春秋公羊传》作为专业进行研究的学者。《春秋》被认为是孔子所撰，其中，孔子用所谓的"春秋笔法"记录了对王侯士大夫等人的评价。书写历史，无非就是向人们展示道德规范。做好事的话会在历史上留名，做坏事的话也会永远被载入史册。因此，董仲舒等的公羊派是特别重视《春秋》中的"微言大义"——孔子悄悄融入其中的道德褒贬的意图——的学派，是将这种意图鲜明地展示出来的学派。司马迁不是从别人，正是从董仲舒那里获得了书写历史的意义。通过在记录下来的事实中融入道德评价，历史书就可以从单纯的事务性的记载，成为比肩经典的书籍。司马迁撰写《史记》，就是要将历史尽可能接近经典和规范。还有，司马迁在《史记》中把孔子列入世家，给他特别的对待，也是基于公羊学派把孔子当作素王即无冕之王的学说。

以上引用的内容强调了这一点：孔子写《春秋》的意图之一，是要将史书作为道德的规范。但是董仲舒的思想有另外一个重要的点，就是"天人感应"的思想。自然现象与人世之间有很深的关系，推行善政，会有瑞祥之兆；施行恶政，上天会带来灾难。董仲舒是当时倡导"天人感应"学说最有影响力的学者。司马迁从董仲舒那里学到的另外一点，无非就是"天人感应"的灾异思想。如此，太史令的工作内容，就是将天地自然的运行和人事之间加以关联，这就与"天人感应"的思想联系了起来。

另外，《史记》的《天官书》长不过一卷，《汉书》中与《天官书》相对应的就是《天文志》与《五行志》。《天文志》相当于《天官书》的前半部分，是对天体的解说；《五行志》是对自然界异常现象的记录。《汉书》中的《五行志》实际长达五卷。可见，在汉代，人们对自然的异常现象有多么关心。时代靠后的《汉书·五行志》对自然现象的集大成式的记载，可能也是太史令司马迁在履行自己的职责时所记录下来的内容。

李陵事件

司马迁为何写《史记》？答案叙述如下。首先，任太史令之职的父亲司马谈本有此意，这与太史令本身的职务也有较深的关系。其次，是受董仲舒春秋公羊学的影响。因此，即使此后什么事都没发生，司马迁度过了他平凡的一生，《史记》也是有可能被另一个人著述的。但是，武田泰淳写了一本令人印象深刻的书《司马迁——史记的世界》（1943），书里率先提出了"司马迁是活生生遭受耻辱的男人"的观点。正如他所说，司马迁受李陵事件的牵连而遭受宫刑之辱，给中国第一部通史——《史记》添加了特别的色彩。

李陵是被广为称颂的大将军李广的孙子，是司马迁自从当官起就结交的朋友。当时汉朝与北方的匈奴处于对峙状态，汉朝多次派兵征讨匈奴。李陵也率兵与匈奴作战。李陵的军队竭力奋战，但终于力不能支，李陵被匈奴所俘虏。这个消息被报告到了朝廷，由于李陵投降匈奴，武帝立即决定将李陵家族满门抄斩。在这种情况下，司马迁为故交李陵辩护，触犯了汉武帝的龙颜，被捕入狱，不仅被处以宫刑，还被关在监狱三年。

并没有犯错，却遭遇这样残酷的命运，这究竟是为什么？司马迁自己所经历的悲剧，使他开始搜寻在过去的历史中与自己有同样命运的人的资料。一方面，伯夷、叔齐作为殷王的大臣，向想凭借武力推翻殷王朝的周武王进谏，但周武王没有采纳。周王朝建立后，二人发誓不吃周朝的粟米而隐居于首阳山，最后饿死了。正义之士伯夷、叔齐悲剧性地结束了一生。然而另一方面，杀人无数的大盗贼盗跖，过完了其享乐的一生，得全天寿。"天道是耶非耶？"这句见于《史记·伯夷列传》的深刻发问，正是司马迁从自己的悲惨经历中生发出来的呐喊。

司马迁在《太史公自序》中如此说道：

太史公遭李陵之祸，幽于缧绁。乃喟然而叹曰："是余之罪也夫！是余之罪也夫！身毁不用矣。"退而深惟曰："夫《诗》《书》隐约者，欲遂其志之思也。昔西伯拘羑里，演《周易》；孔子厄陈蔡，作《春秋》；屈原放逐，乃赋《离骚》；左丘失明，厥有《国语》；孙子膑脚，而论《兵法》；不韦迁蜀，世传《吕览》；韩非囚秦，《说难》、《孤愤》；《诗》三百篇，大抵贤圣发愤之所为作也。此人皆意有所郁结，不得通其道也。"

司马迁的父亲司马谈因为没有参加汉武帝在泰山举行的祭祀天地的封禅大典，自尊心深受伤害，因此"激愤"而死。《史记》对司马谈来说也是"激愤之书"，而司马迁自己甚至遭受宫刑，使"发愤著书"的说法增加了更深的韵味。

司马迁在这里举了很多遭遇困难而著书的例子。《周易》《春秋》《离骚》《国语》《孙子》《吕览（吕氏春秋）》《韩非子》《诗经》等优秀的著作，都是作者在身处逆境的时候写成的。深感耻辱的司马迁，以西伯、孔子以来遭遇逆境却留下著作的人的人生态度为榜样，才撰写了《史记》。

从《史记》内容也可以看到，司马迁特地列举了遭遇逆境的各种悲剧式人物。例如，与刘邦争天下最后败北的项羽。项羽没有夺得天下，司马迁还是把他的传收进了作为天子之传记的帝王本纪。某种程度上说不过是一介浪人的孔子，司马迁也把他的传放进了作为诸侯之传的世家里。在列传当中，他把伯夷、叔齐的传放在最开头，对于优秀的人并不一定得到合理对待的这一现实，发出了"天道是耶非耶"的疑问。还有屈原，本来是楚国的贵族，因谗言而被流放，最后选择了自杀。他们都是在这个世道中遭遇不公的悲剧性人物，可以说，司马迁在他们的传记里融入了最多的痛彻之情。

在前面引用的《太史公自序》里提到，司马迁在年轻时曾游历全国，"浮于沅、湘"，"讲业齐、鲁之都，观孔子之遗风，乡射邹、峄；厄困鄱、薛、彭城"。沅水、湘水是与屈原相关的地方，所谓"厄困鄱、薛、彭城"，是孔子遭遇"陈蔡之厄"的地方。孔子的陈蔡之厄，在《史记·孔子世家》里可以见到。想去楚国的孔子一行，刚刚到达陈国的地界，就遭到了陈蔡的联合阻挠。

　　于是乃相与发徒役围孔子于野。不得行，绝粮。从者病，莫能兴。孔子讲诵弦歌不衰。子路愠见曰："君子亦有穷乎？"孔子曰："君子固穷，小人穷斯滥矣。"

　　《史记·孔子世家》的一段，是根据《论语·卫灵公篇》"在陈绝粮"一条写的。在这里，司马迁欲将孔子生涯中的危机重点放大，并刻画出来。

　　孔子也好，屈原也罢，司马迁把自己的人生与他们重叠了起来。孔子不是别人而是儒教的宗师，但司马迁描绘出来的孔子不是完美的圣人，而是不得志的孔子。

　　总的来说，司马迁是作为史官世家的司马氏的后代，继承父亲的遗愿而立志撰写史书。之后，由于受到李陵事件的牵连，司马迁探寻了在过去的历史中与自己一样遭遇悲剧却留下著述的人们的生存之道。也可以说，他是通过历史得到了自我救赎。周公、孔子以来的人们在逆境中著书立说，司马迁以他们的人生态度为榜样，通过这种方式获得了克服苦难、生活下去的力量。后人通过阅读《史记》所描写的悲剧人物的传记，或者是通过了解司马迁自身的苦难人生，从"不遇故事"中汲取力量，从而生存下去。

第四章 | 班固的一生

学问名家

班固，生于东汉第一代皇帝光武帝建武八年（32），死于和帝永元四年（92）。他活跃在司马迁之后约 180 年，是西汉都城长安（现在的西安）附近扶风安陵县人（属陕西省）。

司马迁《史记》的最后一卷是《太史公自序》，其中记载了司马氏世世代代的历史、司马迁自己的小传，以及《史记》各卷的撰写意图。和《史记》一样，《汉书》末尾也有《叙传》，记载了班氏世世代代的事迹、班固的小传以及《汉书》各卷的意图。

班氏是西汉以来在学问上特别出色的著名家族。班固的曾祖父叫作班况，班况的女儿进了西汉成帝的后宫，成为婕妤，班婕妤是班固的父亲班彪的姑姑。班婕妤的传，被收进了班固《汉书·外戚传》中，称为"孝成班婕妤"，其中记载了这样一个故事。一次，成帝在后庭游玩，想与班婕妤乘坐同一辆车，而班婕妤拒绝了他："观古图画，贤圣之君皆有名臣在侧，三代末主乃有嬖女。今欲同辇，得无近似之乎？"成帝欣赏她的言论，最终放弃了和她一起乘车的想法。由此可以想见班氏的人品和班氏家族的教育状况。

后来赵飞燕进入后宫，渐渐获得了成帝的宠爱；班婕妤则被疏远了，终于因为谗言而被打入冷宫。班婕妤便作了《团扇歌》，歌咏在夏天时经常使用的团扇，到了秋天却被遗忘。这首《团扇歌》，在女性诗人所作的诗当中也是十分古老的作品，被认为是诗中的杰作。正因为有了这首《团扇歌》，班婕妤才成为后世"闺怨诗"（歌咏女性被舍弃、独守闺房而心生怨恨的一类诗）作者的典范。宋代郭茂倩的《乐府诗集》卷四三"相和歌辞·楚调曲"中有"班婕妤""婕妤怨""长信怨"等标题，收录了以晋代陆机为首，包括唐代李白、王维等人在内的作品。其中最著名的是唐代王昌龄的《西宫春怨》，起首两句为：

> 西宫夜静百花香，欲卷珠帘春恨长。

西宫是指皇太后的住所长信宫。班婕妤知道成帝的宠爱已经转移到赵飞燕身上，便离开成帝身边，去侍奉皇太后，因此搬进了长信宫。一句话：班婕妤品德高尚，且文学修养高。可以说，班婕妤是体现了班氏的学问和家风的人物。

班婕妤的兄弟，即班况的儿子有三人：班伯、班斿、班稚。班彪的叔叔班斿与刘向一起在宫中从事校订藏书、为皇帝侍讲等工作，皇帝赐给他宫中藏书的副本。刘向整理了宫中图书馆的书籍，并撰成目录《七略》。班固的《汉书》中就收录了当时的图书目录《艺文志》，这个《艺文志》就是以刘向和他的儿子刘歆所作的目录为基础的。那个时代还没有发明纸，书籍是极为贵重的东西。将这些书籍藏于家中并充分阅读，这对于班彪、班固著录历史来说是非常有利的。

班斿、班稚兄弟与王莽关系亲密，据说王莽以班斿为兄长，以班稚为弟弟。但是王莽后来篡夺了汉王朝的政权，短暂地建立了"新"这个王朝。既然王莽打算当一个篡位者，班氏自然与王莽疏远，保持距离，"班氏不显莽朝，亦不罹咎"（《汉书·叙传》）。王莽不久就被推翻了，汉朝被光武帝复兴了（东汉）。在班固的《汉书》当中，列传的最后三卷被分列出来，置于此处的是西汉政权篡夺者的传记——《王莽传》。

三弟班稚的儿子是班彪，即班固之父。班彪投身在窦融——后来在光武帝的汉室中兴中起了很大作用——的帐下，而窦氏不久之后就作为外戚掌握了巨大的权力。班氏与窦氏的合作便由此开始了。从官职上来说，班彪为官只做到了县令，但他因为自己的著作而成了知名学者。正如上文所说，班彪欲继承司马迁的《史记》撰写历史书，但实际上完成的是《后传》（《史记后传》）六五卷。《史记》只写到武帝为止，而《后传》接续武帝时代继续向后书写。同时《后传》也是由本纪和列传构成的纪传体史书。

"发愤著书"与"明哲保身"

班固出生于这样的文人学者之家，从幼年时代起就显示了过人的才华。班固还有一个弟弟班超、一个妹妹班昭。

父亲班彪在建武三十年（54）、班固22岁时去世了。班固从这个时候起就开始构思撰写《汉书》，到26岁的时候开始动笔。但是有个知道班固正在撰写《汉书》的人，向皇帝告发他随意篡改本朝的历史。汉明帝随即把班固关进监狱，没收了他的书籍并进行调查。这时，他的弟弟班超立刻赶到京城，向皇帝上了请愿书，陈述班固并没有不好的企图——弟弟班超具有行动派的人格。

由此，明帝反而认可了班固的撰史工作，任其为兰台令史，命令他撰写光武帝的本纪《世祖本纪》；后来明帝又劝说他继续撰写曾一度中断的《汉书》。最后，班固完成《汉书》一百卷。在汉章帝建初五年（80）、班固48岁的时候，《汉书》除了一小部分之外基本完成。

班固对《史记》的不满涉及几个点，已如前所述。《汉书·司马迁传》的论赞这样记载：

呜呼！以迁之博物洽闻，而不能以知自全，既陷极刑，幽而发愤，书亦信矣。迹其所以自伤悼，《小雅·巷伯》之伦。夫唯《大雅》"既明且哲，能保其身"，难矣哉！

52

班固不能认同司马迁的理由之一，似乎就是"既陷极刑，幽而发愤"而著《史记》这一点。简而言之，二人的分歧在于"发愤著书"和"明哲保身"这两种不同的人生态度。"既明且哲，能保其身"，这是《诗经·大雅·烝民》里的诗句。

的确，一开始撰写《汉书》的时候，班固曾遭到逮捕，接受调查。即便是《汉书》，也不是一帆风顺地写成的。但是，当嫌疑解开之后，这反而成了班固出人头地的契机和开端。通过撰写《汉书》，他甚至得到了皇帝的认可。从这一点来看，班固比司马迁要顺利。但是，他所处的时代是儒教一尊的价值观普及、扩张的时代，而历史总是在价值观安定的时代更容易书写。这是因为，在价值观混沌的时代，自己必须得摸索出一个价值判断的标准。

然而，班固一边批评司马迁不能"明哲保身"，一边也还是没能避免悲惨的结局。章和二年（88），章帝去世，10岁的和帝即位，和帝的母亲窦太后摄政，由此迎来了窦氏一族的极盛。窦太后之兄车骑将军窦宪征讨北匈奴，班固跟随窦宪远征。自从班固的父亲班彪投身窦融帐下以来，班固一直时运亨通，与窦氏一族过从甚密。然而，永元四年（92），窦宪因被指控犯下大逆不道的罪行而自杀，班固也因为与他亲近而被捕下狱。班固于这一年，也就是60岁的时候死在狱中。就去世方式这一点来看，可以说得全天寿的司马迁结局更好一些。史家的命运，无论是对于司马迁还是对于班固来说，似乎都是过于残酷的。

班固的弟弟班超，官至西域都护骑督尉，在征讨匈奴上立过大功。"不入虎穴，焉得虎子"这句话，就是出自《后汉书·班超传》中班超的话。另外，班固的妹妹班昭是曹寿的妻子。虽然丈夫早亡，但因为她学问优异，所以和帝时常召班昭进宫给皇后们讲学，被尊称为曹大家。班昭著有《女诫》，记录了妇女儿童的教育心得（《后汉书·班昭传》所引），直到后世还一直被人们阅读。

班固的《汉书》基本完成了，但因为班固死于狱中，《八表》和《天文志》尚未写出。因此和帝命令班昭补写《汉书》。《后汉书·班昭传》云：

> 时《汉书》始出，多未能通者，同郡马融伏于阁下，从昭受读。

《汉书》刚刚写成的时候，原文中只有汉字，没有标点；这对于已经习惯于在原文中加上标点的我们来说自然是难以想象的。由于断句方法的不同，意思有可能会发生改变。"从昭受读"，是指班昭将《汉书》原文进行正确的断句和阅读，又教授其中难字的意思，如此这般地将阅读的方法传授给马融。马融是与郑玄齐名的东汉大学者。假如没有班固的妹妹班昭，《汉书》就不能正确地传到后世。

《汉书》是班固根据他的父亲班彪的《后传》续写，然后又由班固的妹妹班昭加以补充而完成的，可以说是合班氏一族之力而完成的作品。

班固这三兄妹当中，班固是一个学者，集大成而著述《汉书》；班超是一个武将，建立了功业；而妹妹也是以学问成名。真是了不起的兄妹三人。

第五章 |《史记》与《汉书》的阅读史
——《汉书》的时代

无纸时代的书籍

司马迁写《史记》的时代，纸还没有被发明。在没有纸的时代，书籍的形式是用绳子连起来的竹简、木简，或者是极其贵重的绢帛，上面书写文字。不读的时候竹木简像竹席那样卷起，读的时候展开。由于材质是木头或者竹子，所以分量很重。《史记》是一百三十卷，也就是说，这种卷起来的木简有一百三十个那么多。

图书目录方面，关于《史记》的记录，最早见于先前提到过的《汉书·艺文志》。《汉书·艺文志》将全部书籍粗略地分为"六艺略"（儒教经典）、"诸子略"（诸子思想）、"诗赋略"（文学）、"兵书略"（军事）、"数术略"（天文·占卜）、"方技略"（医学）六类。与四部分类法（四部分类法将书籍分为经、史、子、集四类，在《隋书·经籍志》中首次出现并沿用至今，是中国传统的图书分类法）相比照的话，可以发现《汉书·艺文志》没有与史部对应的部分。《史记》从属于史部，那它在《汉书·艺文志》中被收入哪一类之中呢？它被收在"六艺略"中的"春秋"类。彼处记载有：

> 太史公百三十篇，十篇有录无书。

即是指此。《史记》当时不以《史记》为书名，而被称为《太史公》或者《太史公书》。从属于史部的书籍，时代越往后数量越多，随着它成为一个公认的类目，史部这一类别便形成了。在《汉书·艺文志》的时代，并没有足以汇总成史部的史书。由于《史记》也是记载过去历史的书籍，因此《汉书·艺文志》将它放在了"春秋"类之下。在没有足够多的书籍使史部独立的时代，《史记》的出现正显示它是一个划时代的作品。

《汉书·艺文志》的形成，在其叙中有交代。据此叙，秦始皇焚书，烧毁了许多书籍。汉兴，改秦之暴行，大收书籍，广开献书之路。但到了汉武帝时代，文献欠缺，礼崩乐坏，武帝喟然叹曰"朕甚忧虑"。于是设藏书之策，置写书之官，经书自不必说，就连诸子之传说都尽收于秘府。以下引自《汉书·艺文志》：

> 至成帝时，以书颇散亡，使谒者陈农求遗书于天下。诏光禄大夫刘向校经传诸子诗赋，步兵校尉任宏校兵书，太史令尹咸校数术，侍医李柱国校方技。每一书已，向辄条其篇目，撮其指意，录而奏之。会向卒，哀帝复使向子侍中奉车都尉歆卒父业。歆于是总群书而奏其《七略》。

《汉书·艺文志》就是根据《七略》而撰成的。西汉晚期的成帝时代，从全国收集书籍加以校订、制作定本的工作开始了。负责这一工作的是刘向，班固的叔叔班斿也与刘向一起参与了宫中藏书的校订工作。刘向、刘歆父子的工作具有极其重大的意义：刘向、刘歆就像一个过滤器，在此之前的中国的所有书籍都通过他们传给了后世。这里的"撮其指意"，说的是为一本本书籍制作定本并撰写提要。

《史记》也不例外。此处记载"十篇有录无书"，是说有十篇只留下标题，正文已经散佚。刘向、班固的时代，司马迁的《史记》已经有十篇遗失了。班彪也说《史记》由百三十篇构成，"十篇缺"（《后汉书·班彪传》）。

但是，我们今天见到的《史记》有一百三十卷，似乎并不缺失。可见某人对残缺的部分做了补充。关于这件事，六朝宋裴骃在其为《史记》所做的注解《史记集解》的《太史公自序》部分，引用张晏之说云：

迁没之后，亡景纪、武纪、礼书、乐书、律书、汉兴以来将相年表、日者列传、三王世家、龟策列传、傅靳列传。元成之间，褚先生补缺作武帝纪、三王世家、龟策、日者传，言辞鄙陋，非迁本意也。

说的是西汉元、成时代，褚先生（褚少孙）补写了几卷。果真是这样的话，褚少孙是班固之前的人，班固或许能见到补写的十卷。但是，班固完全没有提到这件事，由此看来，班固可能并不知道。现在的《史记》文本中有"褚先生曰"这一被增补的内容。《后汉书·班彪传》断言："武帝时，司马迁著《史记》，自太初以后，阙而不录。后好事者颇或缀集时事，然多鄙俗，不足以踵继其书。"唐代为《后汉书》作注的李贤，为《班彪传》的这段话加上注释说："好事者谓杨雄、刘歆、阳城衡、褚少孙、史孝山之徒也。"

司马迁在《太史公自序》的末尾写道："藏之名山，副在京师，俟后世圣人君子。"司马迁写完《史记》以后，制作了两部文本，一部藏于"名山"，一部放在京城长安。书籍的散佚有其原因，其中之一是不受重视。如果大家都尊重某种书籍，则其散佚的可能性就较小。《汉书·司马迁传》云：

> 迁既死后，其书稍出。宣帝时，迁外孙平通侯杨恽祖述其书，遂宣布焉。至王莽时，求封迁后，为史通子。

时代往下，唐代柳宗元在《与友人论文书》(《增广注释音辩唐柳先生集卷三一》) 中也说道：

> 扬雄没而《法言》大兴，马迁生而《史记》未振。

实际上，在司马迁生前，《史记》并未为人们所知所读。到了王莽的时代，司马迁的后裔得到了"史通子"的称号，然而班固不喜欢司马迁，或许是因为其后裔与王莽之间的关系。

虽然如此，班彪、班固都读过《史记》(《太史公书》)，从某种意义上来说，《汉书》的诞生正是出于班固与《史记》的对话。班彪的朋友、东汉初期的学者王充也读过《史记》，这从《论衡》常常引用《史记》(《太史公》)可以知道。虽然与现在《史记》所拥有的读者没法相比，但西汉末期时《史记》已经是想读就可以读到的书籍了。

《汉书》的压倒性优势——东汉至唐初

东汉时代已经发明了纸，作为书写材料的纸已被广泛应用。纸与竹简、木简相比更轻，能写更多文字。自从纸被使用以来，书籍就被抄写到纸上。《史记》和《汉书》最开始都是写在竹简上的，东汉、六朝间被转抄到纸上，这是没有疑问的。

东汉以后，人们是如何阅读《史记》和《汉书》的呢？之前提到的《隋书·经籍志》中的一则材料显示了这一内容。《隋书·经籍志》按照四部分类法分类，《史记》和《汉书》被列入史部正史类的最开头。《隋书·经籍志》除了《史记》和《汉书》的文本之外，也记录了它们各自的注释书。表2展示了其内容。相对于《史记》的4种注释书，《汉书》的注释书有22种之多。由此可见，自二书并举以来至唐以前，《汉书》大概比《史记》拥有更多热心的研究者。如此多的注释书被著录，正说明《汉书》当

表 2 《隋书·经籍志》中所见的《史记》与《汉书》

《史记》	史记	一百三十卷	汉中书令司马迁撰
	史记	八十卷	宋南中郎外兵参军裴骃注
	史记音义	十二卷	宋中散大夫徐野民撰
	史记音	三卷	梁轻车录事参军邹诞生撰
《汉书》	汉书	一百一十五卷	汉护军班固撰，泰山太守应劭集解
	汉书集解音义	二十四卷	应劭撰
	汉书音训	一卷	服虔撰
	汉书音义	七卷	韦昭撰
	汉书音	二卷	梁寻阳太守刘显撰
	汉书音	二卷	夏侯咏撰
	汉书音义	十二卷	国子博士萧该撰
	汉书音	十二卷	废太子勇命包恺等撰
	汉书集注	十三卷	晋灼撰
	汉书注	一卷	齐金紫光禄大夫陆澄撰
	汉书续训	三卷	梁平北咨议参军韦稜撰
	汉书训纂	三十卷	陈吏部尚书姚察撰
	汉书集解	一卷	姚察撰
	论前汉事	一卷	蜀丞相诸葛亮撰
	汉书驳议	二卷	晋安北将军刘宝撰
	定汉书疑	二卷	姚察撰
	汉书叙传	五卷	项岱撰
	汉疏	四卷	
	汉书孟康音	九卷（亡）	孟康
	刘孝标注汉书	一百四十卷（亡）	刘孝标
	陆澄注汉书	一百二卷(亡)	陆澄
	梁元帝注汉书	一百一十五卷（亡）	梁元帝

时是如何被人们尊重和研究。

《汉书》有一百卷，但像《汉书音义》只有十二卷，这是因为这类注释书只收录了注释的部分。现在我们已经习惯看文本中间施加注释的《史记》《汉书》，但在纸张贵重的时代，仅以注释独立成书的书籍并不少见。

就《隋书·经籍志》以后的关于《史记》《汉书》的注释书来说，唐初有司马贞的《史记索隐》、张守节的《史记正义》，这些是《史记》注释的权威版。作《史记索隐》的司马贞，还补充《史记》文本，作了《补史记》。司马贞对《史记》从《五帝本纪》开始写而不满，因此加入了《三皇本纪》。《三皇本纪》即是《补史记》的内容。在《补史记序》中，司马贞如此说道：

> 今辄按古今，仍以裴为本，兼自见愚管，重为之注，号曰小司马《史记》。然前朝颜师古止注汉史，今并谓之颜氏《汉书》。贞虽位不逮颜公，既补史旧，兼下新意，亦何让焉。

"贞虽位不逮颜公"，正如司马贞自己所说的那样，当时与司马贞、张守节相比，颜师古才是一流的学者。例如《新唐书》的列传中有颜师古的传，而没有司马贞、张守节的传。这也可以侧面显示当时学者对《史记》《汉书》的评价。

考察《史记》《汉书》的阅读史、评价史，毫无疑问，一开始是《汉书》获胜。六朝时宋人范晔所撰《后汉书·班彪传》的论赞对比了司马迁和班固，说：

漢書音義卷上

隋國子博士賜爵山陰縣公蘭陵蕭該撰

高帝紀第一

旗幟皆赤
幟音熾　史記索隱高祖本紀　宋祁按漢書高帝紀上

文帝紀第四

餘皆曰給傳置

傳傳舍置廄置按廣雅云置驛也
宋祁曰按此條本

蕭氏音義者因宋校漢書但記諸本異同或泛設空論不如蕭氏之博引羣書字字核實也宋祁字蓋後人誤加凡此今皆定為音義并附注宋字樣附注中審定者附注師古字樣以識之

《汉书音义》音注单独成书（此为后世辑佚书，出自《拜经堂丛书》）

63

司马迁、班固父子，其言史官载籍之作，大义粲然著矣。议者咸称二子有良史之才。迁文直而事核，固文赡而事详。若固之序事，不激诡，不抑抗，赡而不秽，详而有体，使读之者亹亹而不厌，信哉其能成名也。

范晔同时表彰了司马迁、班固二人，但如果要说哪家更胜一筹，则他给予班固的文章以更高的评价。梁朝刘勰的《文心雕龙·史传》中有如下记述：

尔其实录无隐之旨，博雅弘辨之才，爱奇反经之尤，条例舛落之失，叔皮论之详矣。及班固述汉，因循前业，观司马迁之辞，思实过半。其"十志"该富，"赞""序"弘丽，儒雅彬彬，信有遗味。

刘勰对司马迁的评价，一方面称赞，另一方面列举了其缺点，对班固则全是赞颂之词。果然还是班固获胜。班固"'赞''序'弘丽，儒雅彬彬"，这也是后世屡屡可见的评价班固的要点。

唐初的史家刘知幾在其《史通》中将历代的史书分为六种，即尚书家、春秋家、左传家、国语家、史记家、汉书家。刘知幾将它们进行比较议论，最终在评价史记家、汉书家的基础上叙述《史记》的缺点说：像《史记》那样将很长时代的事迹用本纪和列传的形式进行记载，使得同是一国的事迹却分散在各处，令人难以理解。与此相对，刘知幾说《汉书》则只述一朝之事，易于相互参照，结果是判《汉书》获胜。这也反映了《汉书》在唐初时处于优势。

"诽谤愤怨之书"

那么，在写完之后的一段时间内，《史记》为什么没被广泛阅读呢？原因之一是《史记》被当作一部"诽谤愤怨之书"。例如《后汉书·蔡邕传》中有这样一节：蔡邕因自行编纂《后汉纪》而被问责时，他为自己辩护开脱，而司徒王允反驳道：昔武帝不杀司马迁，而使"谤书"——诽谤武帝的书（《史记》）——流传后世，这是很不好的。

另外，《三国志·魏书》的王肃传中有魏明帝之言："司马迁以受刑之故，内怀隐切，著《史记》非贬孝武，令人切齿。"对此王肃回答："汉武帝闻其述《史记》，取孝景及己《本纪》览之，于是大怒，削而投之。于今此两纪有录无书。后遭李陵事，遂下迁蚕室。此为隐切在孝武，而不在于史迁也。"即王肃认为"隐切者"不是司马迁，而是汉武帝。在第四章曾经引用过班固《汉书·司马迁传》，其论赞如此叙述道："迹其所以自伤悼，《小雅·巷伯》之伦。"可以这么说，其诸多激情、诸多忧愤被"隐切"回避了。《诗经·小雅·巷伯》的诗序云："巷伯，刺幽王也。寺人伤于谗，故作是诗也。"寺人即是宦官。此诗就是宦官被谗，自我感伤而作。这与被施以宫刑后的司马迁的处境恰好相符。《巷伯》里有这样的诗句：

彼谮人者，谁适与谋？取彼谮人，投畀豺虎。豺虎不食，投畀有北，有北不受，投畀有昊。

诽谤别人的人，是和谁一起谋划的？抓到那个诽谤者，投食给豺狼、老虎吧。连豺狼、老虎都不吃的话，那就扔到北方的寒冻之地吧。连北方也不接受，那就扔给上天去惩罚吧。这正是对谗害自己的人的激烈诅咒。

《史记》被认为是这种调子的书，而《汉书》呢？就像之前在刘勰的《文心雕龙》里所看到的那样，班氏淹博的学识及冷静的笔触被大加赞赏。《汉书》的文风与六朝到唐初时受到重视的骈文文风十分接近，这也是它流行的原因。

第六章 | 中唐时期《史记》的复兴

韩愈对《史记》的评价

如前所述，《史记》《汉书》并举以来，从东汉到六朝、唐初，《汉书》明显居于上风。这种情况逐渐发生变化是在中唐韩愈（768—824）所处的时代。

对于《史记》和《汉书》的优劣先后，长期以来学界聚讼纷纭。明朝的胡应麟在其《少室山房笔丛》卷一三中很好地整理了二者品秩高低随时代变迁的情况：

> 《史》《汉》二书，魏晋以还纷无定说，为班左袒盖十七焉。唐自韩、柳，始一颂子长，孟坚稍诎。至宋郑渔仲、刘会孟，又抑扬过甚，不足凭也。至明诸论骘，差得其衷。

这里说的是，韩愈以前，《汉书》的评价高，韩愈以后，《史记》的评价变高了。到了明朝，两者得到了公正的评价。那么，韩愈对《史记》是如何评价的呢？而《史记》的复兴又有怎样的背景呢？

韩愈有《送孟东野序》一文。该文是在送孟郊赴任时的宴会上所写。孟郊为韩愈门生，在遭遇了多次科考落第之后，终于进士及第，然而必须到溧阳县去赴任，做一个官僚组织最底层的县尉。文章的主旨是安慰、鼓励不被命运垂青的孟郊，其中，他提出了"不平则鸣"这一气势恢宏的文学理论。用一句话来说就是，人正是在不遇的状况下才能写出杰出的作品。如今，孟郊不遇，所以他写出杰出的文学作品的可能性变得非常大。为了补充证明这一理论，韩愈列举了历代作者中由于不遇而留下著述的人。例如孔子：

周之衰，孔子之徒鸣之，其声大而远。传曰：天将以夫子为木铎，其弗信矣乎？

在孔子活跃的春秋时代，周朝王室衰微，强大的诸侯依靠武力争霸。在这样的乱世，孔子所讲述的却是周王朝的理想。但是，以武力一决雌雄就是那个时代的现实，理想并不为人所接受。前文也曾提到，孔子甚至遭遇了生命危险。述说理想与现实的鸿沟，也就是述说"不平"的孔子，在现实生活中正是一个不遇的人。但是正因为孔子的不遇，才留下了成为后世经典的著作，作为一位教育家留下了功绩。韩愈正是这样想的。随后，他又列举了活跃在战国时代被称为诸子百家的学者：

其末也，庄周以其荒唐之辞鸣。楚大国也，其亡也，以屈原鸣。臧孙辰、孟轲、荀卿以道鸣者也。杨朱、墨翟、管夷吾、晏婴、老聃、申不害、韩非、慎到、田骈、邹衍、尸佼、孙武、张仪、苏秦之属，皆以其术鸣。

接着他又说：

秦之兴，李斯鸣之。汉之时，司马迁、相如、扬雄，最其善鸣者也。

作为汉代时曾经"鸣"过的人，即将"不平"作为助力的跳板而留下优秀著作的人，韩愈列举了司马迁的名字。如上所述，因李陵事件而被处以宫刑、将其悲痛之情融入《史记》的司马迁，不用说正是不平文学的代表人物，韩愈在不平文学的谱系中给了司马迁一席之地。汉代著名的有司马迁、司马相如、扬雄三人，而对于一直到韩愈时代为止都比《史记》更为学者所重视的班固的《汉书》，却无一字提及，这一点需要特别注意。

不平的文学

那么，为什么到了中唐的韩愈，一直被敬而远之的《史记》成了学者们关心的对象了呢？

从东汉到六朝、唐初，是门阀贵族的时代。在贵族时代，能否出人头地基本是由其出身所决定的。这一时代的文学便是骈文。骈文多用典故，重视形式美，是非常契合贵族教养的文体。对《汉书》的喜爱，正是与贵族时代的骈文爱好捆绑在一起的。

与此相对，从隋代开始，实行科举制度，通过试卷考试录用人才，于是出现了不是名门望族出身，但通过科举考试使自身能力得到认可，从而成为官僚的人。这就是新兴的科举官僚阶层。在韩愈生活的中唐时代，这类科举官僚作为一个阶层也开始积蓄实力。韩愈即是这个科举官僚阶层的代表。他抬高《史记》，主张古文，正是为了对抗贵族派的骈文。正如下面这两个对立的简单图式：

门阀贵族—骈文—《汉书》
科举官僚—古文—《史记》

那么，为什么在寒门也能出人头地的时代，"不平的文学"反而变得醒目起来了呢？在门阀贵族的时代，任何事都由大家族决定，寒门出人头地的可能性等于零，现状无法被打破。但是科举制度的出现，一方面使晋升有了可能，另一方面也会出现落第，或者像孟郊那样只能做小官的现实情况，因此才会产生强烈的不平、不遇的意识。这一"不平文学"的代表作就是《史记》。韩愈首倡的古文运动，是一场想要跨越六朝时代，即门阀贵族时

表3 《日本国见在书目录》中所见的《史记》《汉书》

《史记》	史记	八十卷	汉中书令司马迁撰，宋南中郎外兵参军裴骃集解
	史记音	三卷	梁轻车录事参军邹诞生撰
	史记音义	二十卷	唐太中大夫刘伯庄撰
	史记索隐	三十卷	唐朝散大夫司马贞撰
	史记新论	五卷	强蒙撰
	太史公史记问	一卷	
《汉书》	汉书	百一十五卷	汉护军班固撰，泰山守应劭集解
	汉书	百二十卷	唐秘书监颜师古注
	汉书音义	十二卷	隋国子博士萧该撰
	汉书音	十二卷	隋废太子勇命包恺等撰
	汉书训纂	三十卷	陈吏部尚书姚察撰
	汉书音义	三卷	
	汉书音义	十三卷	颜师古
	汉书古今集义	二十卷	顾胤撰
	汉书问答	十卷	沈遵行撰
	汉书序例	一卷	颜师古撰
	汉书赞	九卷	
	汉书私记	七卷	

代、骈文时代，回到之前的司马迁时代的运动，其古文文体的重要典范就是《史记》。不久，到了宋代，门阀贵族失势，科举官僚定于一尊，韩愈作为科举官僚的先驱被抬高，为韩愈所盛赞的《史记》的地位也确立起来了。

传入日本

唐代，日本的遣唐使来到中国，将许多书籍带回了日本。平安时代藤原佐世所编、现存日本最早的汉籍目录《日本国见在书目录》同时收录了《史记》和《汉书》。最初关于《史记》和《汉书》的资料，《续日本记》中曾有天平七年（735）吉备真备将"三史之柜"带到日本的记载。《日本国见在书目录》中所见的、与《史记》《汉书》相关的书籍如表 3 所示。其中，与《史记》相关的有 6 种，与《汉书》相关的有 12 种。实际上，唐代带去日本的《史记》和《汉书》的写本，直到现在仍然保存在日本。

《日本国见在书目录》是调查 9 世纪末日本的藏书时所留下的记录，与《汉书》相关的书籍仍然较多，大概还是可以反映出中国的状况吧。但是，据说藤原为时请人教他的儿子读《史记》的时候，妹妹紫式部却率先牢牢记住了（《紫式部日记》）；而《源氏物语》贤木之卷中也可以看到对《史记》的引用。总之，紫式部与《史记》似乎有种种的联系。可见，从传入日本的书籍来看，与《汉书》相关的著作好像比较多，而《史记》在日本也曾经被广泛地阅读。

第七章 | 印刷时代的《史记》与《汉书》

从抄本到刊本

东汉时发明了纸，被用作书籍的材料。但当时的书籍是和竹简、木简一样，将纸横着拼贴在一起，用轴卷起来的形式，即卷子本。六朝到唐代，《史记》《汉书》就以卷子本的形态存在。

唐代发明了印刷术。一开始印刷的全是佛教经典，但从五代到宋，佛教以外的书籍也开始被印刷了。在这个过程当中，书籍的形态逐渐从卷子本向册子本转化。在中国，当书籍的形态转变为印刷本的时候，流传至此的《史记》《汉书》的抄本（写本）便消失了。尽管如此，《史记》《汉书》的唐抄本还是有一小部分留存到了现在。它们有的出现在敦煌发掘出的遗书中，也有的一直被保存在日本。从敦煌发现了那么多书籍，而《史记》仅有《管蔡世家》《伯夷列传》《燕召公世家》几篇的残片（伯希和 2627），《汉书》也仅有《刑法志》的一部分（伯希和 3557、3669）、《萧望之传》（伯希和 2485、斯坦因 2053）和《萧何曹参张良

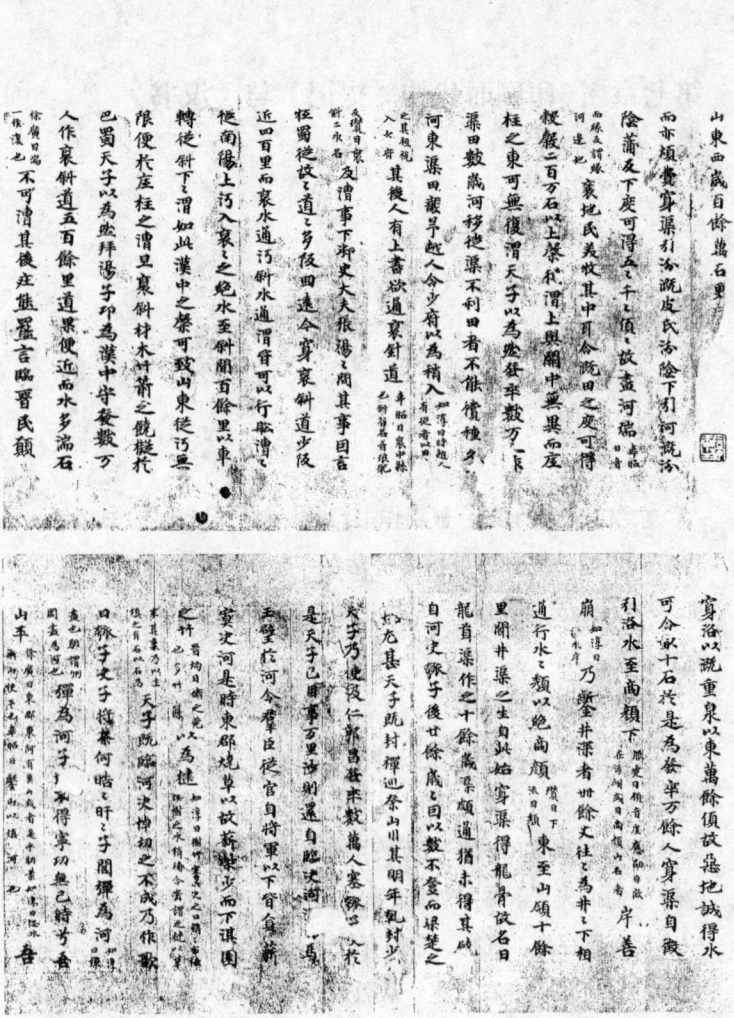

流传至日本的《史记》唐抄本

传》的残片（伯希和2973）。

虽说印刷本出现了，但在宋代，并不是所有的书都能很容易地得到。北宋的苏轼（1037—1101）在《李君山房记》（《经进东坡文集事略》卷五三）中如此叙述道：

> 余犹及见老儒先生，自言其少时，欲求《史记》《汉书》而不可得；幸而得之，皆手自书，日夜诵读，惟恐不及。近岁市人转相摹刻，诸子百家之书，日传万纸。学者之于书，多且易致如此，其文词学术，当倍蓰于昔人。而后生科举之士，皆束书不观，游谈无根，此又何也？

比苏轼年长的老儒生在年轻的时候连《史记》《汉书》这样的基本书籍都不能轻易读到。这里重要的信息有两点：一是《史记》《汉书》被认为是基本的书籍，二是连如此基本的书籍都没那么容易见到。在宋代，书籍果然还是如此贵重，以至于仍有不易得到的情况。

的确，曾经是有过《史记》为佳还是《汉书》为佳的议论，但这是以二书都是优秀的著作为前提的。而且，这样的议论之所以成立，本身也是因为大家都读过这两本书。《史记》《汉书》《后汉书》这"三史"，加上《三国志》成为"四史"，即使在正史中也是特别重要的书籍，多次作为一个整体被刊刻。

那么，在宋元时代，有多少种《史记》《汉书》的相关书籍被刊刻呢？据尾崎康《正史宋元版之研究》（汲古书院，

1989），有关《史记》的有"集解本""集解索隐二注本""集解索隐正义三注本"三种，而《汉书》则全部是"颜师古注本"，参见表4。

现存最古老的《史记》刊本是《史记集解》的"北宋刊北宋修本"，它的一部分藏于日本杏雨书屋（武田长兵卫氏旧藏书。大阪、武田科学振兴财团）。比如《隋书·经籍志》中所见的萧该的《汉书音义》有十二卷，由此也可以知道，一直到唐代为止，《史记》《汉书》的注释并没有和原文连接在一起，注释部分单独成书的情况是不少的。为了理解注释，必然需要对照原文，这种不便应该是曾经存在的（或者有可能当时的人们已经记住了《史记》《汉书》等书的原文）。但是，这是一种在纸很贵且书籍都是手写本的时代一种颇为经济的方式。到了印刷术普及的宋代，原文与注释合在一起的文本变得普及了。印刷术的长处是一次能制作出很多部内容相同的书籍。即使文字量多少有所增加，但只要一次性雕刻出版木，此后便可轻松自在地增刷。因此可以说，原文与注释合刻的书籍正是适应印刷时代的文本形式。

不久，《史记》原文与三家注（集解、索隐、正义）一起合刻的文本被刊刻出版了，这成为《史记》的主流版本。其中最早的是南宋绍熙到庆元年间（1190—1200）刊行的黄善夫本。它本来是与《汉书》《后汉书》一起作为"三史"集中刊刻的，由上杉景胜的家臣直江兼续（1560—1619）从京都妙心寺僧人南化玄兴和尚那里得到。直江氏绝嗣之后，君主米泽藩主将它归藏于上杉氏，现在收藏于日本国立历史民俗博物馆，被指定为国宝。庆元本《汉

表 4 《史记》《汉书》的宋元版（据尾崎康《正史宋元版之研究》）

《史记》	集解本	北宋刊北宋修本
		南宋初期覆北宋刊本（绍兴杭州刊本）
		北宋刊小字本
		北宋末南宋初刊十行本（景祐刊本）
		南宋前期刊十行本（景祐刊本的覆刻本）
		南宋前期淮南西路转运司刊本
		南宋刊十四行本
		宋绍兴十年邵武朱中奉刊本
		南宋前期建刊本（十三行二十七字）
		南宋前期蜀刊大字本（九行）
		南宋蜀刊十三行本
		元大德饶州路儒学刊本（九路本十史）
	集解索隐二注本	宋乾道七年建安蔡梦弼刊本
		宋淳熙三年张杅桐川郡斋刊本
		蒙古中统二年平阳段子成刊本
	集解索隐正义三注本	宋绍熙黄善夫刊本（南宋中期建刊本）
		元至元二十五年彭寅翁崇道精舍刊本
《汉书》		北宋末南宋初刊十行本（景祐刊本）
		南宋后半期福堂郡庠刊本
		宋绍兴中湖北提举茶盐司刊本
		南宋前期两淮江东转运司刊三史本
		南宋前期建刊十二行本
		宋庆元黄善夫·刘元起刊本（南宋中期建刊本）
		宋嘉定蔡琪一经堂刊本
		宋嘉定十七年白鹭洲书院刊本（覆蔡琪一经堂刊本）
		元大德九年太平路儒学刊本（九路本十史）

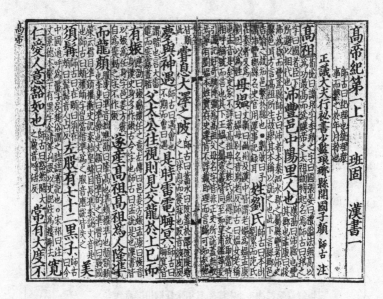

直江兼续、上杉家旧藏，南宋庆元刊本《汉书》(国立历史民俗博物馆藏）

书》收藏在松本市图书馆（重要文物）、国立历史民俗博物馆（上杉氏旧藏、国宝），同样，庆元本《后汉书》也收藏于国立历史民俗博物馆（上杉氏旧藏、国宝）。

《史记》三家注本之后

可以说，随着《史记》原文与三家注合刻的黄善夫刊本的出现，《史记》的权威版也就确定了。其后的版本基本都是以此三家注本为基础。但是，后面的版本似乎将张守节《史记正义》这一部分的文字逐渐删掉了。因为在商业出版当中，文字越少、成本越低越好，但即便如此，这种随意删减的做法也是很过分的。

如果不与更早的文本进行对照的话，读者都不会知道有一部分被删减掉。人们在不知道有一部分被削减的情况下，制作了一部又一部的新文本，并且流传下来。明清时代，似乎有相当多的含有不完整《史记正义》的文本在流传。明朝嘉靖六年（1527年），王延喆覆刻了黄善夫本，于是我们知道黄善夫本直到当时为止一直留存于中国，但从那以后完整的版本便遗失了。

清代乾隆年间编定《四库全书》，收录其中的各种书籍都附有一篇解题（提要），《四库全书总目提要》就是将这些提要汇集在一起的一本书。其中"《史记正义》提要"云：

《周本纪》"子带立为王"句下脱"《左传》云周与郑人苏忿生十二邑，温其一也"十七字。

馆臣将明代监本（国子监刊本）与王延喆覆刻本相比较之后，指出了被削减掉的部分。这种被删掉的情况竟有数十条之多。这里，《周本纪》的"子带立为王"后面的《史记正义》的文字内容是有问题的。我们先看王延喆本，其中有如下文字：

正义：《括地志》云：故温城在怀州温县西三十里，汉晋为县，本周司寇苏忿生之邑。《左传》云周与郑人苏忿生十二邑，

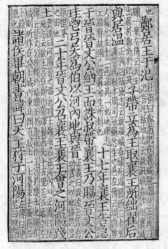

王延喆刊本《史记·周本纪》"子带立为王"的注文中，有"《左传》云"以下文字

明代南监本《史记·周本纪》"子带立为王"的注文中，没有"《左传》云"以下文字

温其一也。《地理志》云温县，故国，己姓，苏忿生所封也。

再看明代国子监本的同一内容，则是以下文字：

　　正义：《括地志》云：故温城在怀州温县西三十里，汉晋为县，本周司寇苏忿生之邑。《地理志》云温县，故国，己姓，苏忿生所封也。

而且，清代乾隆年间在宫中的武英殿刊行的武英殿版（首次形成

"二十四史"的文本）中也是一样。《四库全书总目提要》拿明代国子监本开刀，说它是不完整的文本，但实际上在清代宫廷里刊刻的文本也一样是删减版。

清末同治五年（1866），南京的金陵书局覆刻了王延喆本，这才有了完整文本。现在我们广泛使用的中华书局排印本就是用这个金陵书局本作为底本的。

日本的较早文本里面反而保存着《史记正义》的旧有文字，知道这个情况的泷川龟太郎氏作了《史记会注考证》（东方文化学院，1932—1935）。其后，水泽利忠氏作《史记会注考证校补》（《史记会注考证校补》刊行会，1957—1962），又作《史记正义研究》（汲古书院，1994）。这些著作校勘了现存的多个本子，确定了《史记正义》的文本内容；而收入《史记正义研究》的小泽贤二的《史记正义佚存订补》，则复原了超过1600条被删掉的《史记正义》的内容。

宋代对《史记》《汉书》的评价

从版本的问题再次回到对《史记》《汉书》的评价史上。宋代以后人们接受了韩愈等人对《史记》的评价，《史记》的价值提高了。正如明代学者胡应麟举出郑樵、刘辰翁二人，说他们对班固"贬抑过甚"一样，在南宋时代确实出现了对《汉书》极为严厉的批评。郑樵的《通志》是将从三皇到隋代的历史，用帝纪（本纪）、皇后列传、列传等体裁而不是以王朝为区分来书写的中国通史。郑樵的《通志·总序》一边赞赏司马迁的《史记》，一边责备班固及其《汉书》，甚至说司马迁与班固，就像龙与猪那样；他评价班固的《汉书》尽是剽窃，自己写作的部分几乎没有。他还特别批判《汉书》是一部断代史，也就是说，虽然是一个朝代，但制度等多是从前朝继承下来的；就制度来说，仅仅记述一个朝代没有意义。又说：

> 曹魏指吴蜀为"寇"，北朝指东晋为"僭"。南谓北为"索虏"，北谓南为"岛夷"。《齐史》称梁军为义军，谋人之国，可以为义乎？《隋书》称唐兵为义兵，伐人之君，可以为义乎？

他举了多个例子，指出在断代史中，都有前朝的忠臣变成后代的贼子这个问题。说到剽窃，倒不一定真有其事，但是站在哪个王朝的立场上说话，对人物的评价就会完全改变，这却是千真万确的。

南宋的晁公武在《郡斋读书志》卷五《史记一百三十卷》中说：

> 班固尝讥迁论大道则先黄老而后六经，序游侠则退处士而进奸雄，述货殖则崇势利而羞贫贱。后世爱迁者以此论为不然。谓迁特感当世之所失，愤其身之所遭，寓之于书，有所激而为此言耳，非其心所谓诚然也。当武帝之世，表章儒术而罢黜百家，宜乎大治，而穷奢极侈，海内凋敝，反不若文景尚黄老时人主恭俭，天下饶给。此其论大道所以先黄老而后六经也。

倪思《班马异同》

如此，晁公武对班固批评《史记》的观点进行了反驳。

宋代一个叫倪思的人写了《班马异同》。这本书将《史记》《汉书》两者共同所有的记叙内容——比如项羽、高祖的传记——的异同进行了详细的对照。这本书有加入了刘辰翁评语的版本，其中，刘辰翁在《班马异同》卷三三《货殖列传》处说道：

说得有本有末，非班固迁生之比也。

从类似这样的酷评中也可以看到，作者显然是贬低《汉书》而赞誉《史记》的。

从史学到文学——明代的《史记》

南宋罗大经《鹤林玉露》卷六中说："太史公《伯夷传》、苏东坡《赤壁赋》……文章绝唱也。"不过在宋代，罗氏的评论是一个特例，因为在此之前的议论多是以历史观为核心的评论。围绕通史抑或是断代史等对这类书籍体裁的议论，也是以历史观问题为背景的。

但是到了明代，出现了将《史记》《汉书》视作文学作品而不是史书的倾向。明代中叶，从进入16世纪开始，文艺批评的活动变得很活跃，所谓的古文辞派兴起了。古文辞派是持各种文学主张的团体的滥觞，虽然他们时时受到严厉的批判，但是在明代后半期，占据文学的中心地位的正是前七子、后七子所组成的古文辞派（在日本一般称为古文辞派，而在中国一般称为拟古派）。

前七子的代表人物是李梦阳（1472—1529）、何景明（1483—1521），后七子的代表人物是李攀龙（1514—1570）、王世贞（1526—1590）。他们的主张，以前七子中的李梦阳和后七子中的李攀龙的言论最为典型。李梦阳说"文必秦汉，诗必盛唐"，李攀龙进而将此番言论很激烈地表达出来："文自西京（西汉），诗自天宝（盛唐）而下俱无足观。"也就是说，他们主张，秦汉文章特别是司马迁的《史记》和盛唐诗是作文写诗的典范，通过模仿它们便可以写出好的诗文。

这里，我们来看李攀龙的《张隐君传略》(《沧溟先生集》卷二二)中的一节：

（张冲）及观宫阙之盛、官仪之美，与所交贤豪长者之游，私且慕之曰："所谓隐居岩穴之士，设为名高者安归乎？非深谋廊庙，论议朝廷，何以称焉？而胡为失当年之至乐，不自肆于一时？"

张冲此人，年轻时与商人为友，曾访问京城北京。一方面，他见到京城的繁华景象，与达官贵人交往，便想要站立于朝堂之上，成为一个官僚。于是他想，是否放弃从商，考取功名？但另一方面他又想，还是做有钱的商人、过快乐的生活比较好吧。这篇文章写的就是张冲左右为难的情状。据说，李攀龙是通过其友人听说的张冲的故事。张冲当然是当时生活在16世纪的中国人。

然而，我们看司马迁的《史记·货殖列传》，里面有这样一节：

由此观之，贤人深谋于廊庙，论议朝廷，守信死节，隐居岩穴之士，设为名高者，安归乎？

这两处并不是完全一致，但这里李攀龙在描写生活在16世纪的同时代的人的时候，模仿了 1600 多年前西汉的司马迁所使用过的表达。而且，"何以称焉"也是《史记·伯夷列传》中常见的表述。

李攀龙所写的多数人物传记，例如《霍长公传》(《沧溟先生集》卷二〇) 以这样的句式开头："霍长公者，西河人也。"而《杜长公传》(《沧溟先生集》卷二〇) 也一样："杜长公常者，鄞人也。"这样的写法，正是以《史记》为蓝本的。例如《项羽本纪》："项籍者，下相人也。"如果是《汉书》，则写作："项籍，字羽，下相人也。"不用这个略微感觉夸张的"者"字。

对李攀龙等人来说，《史记》是所有文章的范本，换句话说，它就像是写文章时用的词典。例如，如果想要表现商人，则把《货殖列传》里面的字句拿过来使用即可。所谓"文必秦汉"，指的就是这样的写文章的方法。

古文辞派的学者认为，只要模仿秦汉的文章、盛唐的诗，就可以写出好的诗文。他们的"模仿"这一点，受到后来的重视性灵 (各人的心思的活动) 的公安派文人的严厉批评。再后来进入近代，从个性主义的视角出发，这个古文辞派也得到了非常糟糕的评价。

然而我们不能忘记的是，古文辞派的文学主张曾执中国文坛牛耳长达整整一个世纪，即整个 16 世纪。古文辞派的流行，从某种意义上可以说，按照范本写作诗文就能写出好作品的这种想法，正对应了当时的文学大众化现象，是文学的手册化。但是，为什么他们的范本必须是司马迁，是盛唐诗呢？这个问题仍然存在。

　　模仿是方法、手段。他们通过这个手段想得到的东西，以及他们特别选择的、作为范本的《史记》的文章和盛唐的诗中所共有的东西，一言以蔽之，就是热情的文学。热烈支持古文辞派的明代的人们，用模仿的方法想要得到的，正是这样一种热烈的情感吧。

　　我们在司马迁的《史记》中所见到的激烈情感，是明代人一直以来的追求对象。这一点，最终还是在明代以今天我们所见到的《三国演义》《水浒传》等通俗小说的形式得以集大成。二者精神性的背景是一样的。

　　一般认为，在中国，小说等 fiction（虚构）文学出现得很晚。与中国虚构文学发生很晚相应的，是史传文学从很早的时候起就已经十分发达了。如果从两者之间的关系来考虑，则在虚构文学即通俗小说兴旺发达的明代，史传之祖《史记》被推崇备至也不是没有道理的。

　　与明代的古文辞派想要直接以秦汉文章为范本相反，欲以韩愈等唐宋古文家为范本的人是唐宋派，其中一个代表人物就是茅坤。茅坤高度赞扬《史记》的文章，曾为《史记》原文加上评点和评语，是为《史记钞》。另外一个唐宋派人物是归有光，他在《五岳山人前集序》（《震川先生文集》卷二）里面说道：

　　余与玉叔（陈文烛，号五岳山人）别三年矣，读其文益奇。余固鄙野，不能得古人万分之一，然不喜为今世之文，性独好

《史记》。勉而为文，不《史记》若也。玉叔好《史记》，其文即《史记》若也。信夫人之才力有不可强者。

这说明，他果然还是先将《史记》当作范本来考虑的。

除了《史记钞》，茅坤还有《汉书钞》。之前引用过的胡应麟的《少室山房笔丛》卷一三中有这样的表述："《史》《汉》二书，魏晋以还，纷无定说……明诸论骘，差得其衷。"之所以这样说，大概是因为茅坤把《史记》《汉书》两者并列对待的缘故。

第八章 |《史记评林》与《汉书评林》

明代的出版文化

明代，特别是明末，是出版文化十分繁荣的时期。南京、苏州、杭州等江南地区或者福建的书商，刊刻发行了数量空前的书籍，以及大量的新书。在这种情况下，已经成为必读书的《史记》《汉书》也有了众多版本。

明初以来，南京的国子监就集中刊刻了"二十一史"，并持续修补破损的雕板，代代进行印刷工作。明末清初常熟毛氏汲古阁也刊行了"十七史"，并被广泛阅读（汲古阁本《史记》是集解本）。

明代末期即江户初期从中国传入的书籍如今多收藏在我国的内阁文库（国立公文书馆）中，根据其目录《内阁文库汉籍分类目录》，能够统计出明末刊行的《史记》数量，如表5所示。这些书不只是《史记》的文本或传统的三家注，同时附有同时代批评家的评语，这也体现在书名当中。从这一点也可以窥探出当时书店之间的竞争样貌。同样是在这一目录中，《汉书》只是列出了数本，可以说，明末总体上是《史记》的时代。

表 5　明末刊行的《史记》(据《内阁文库汉籍分类目录》)

荆川先生〔唐顺之〕精选批点　史记
史记　〔陈仁锡评〕
孙月峰先生批评　史记
史记评林
补标　史记评林
史记纂
史记题评
史记辑评
新刻霍林汤先生评选　史记玉壶冰
史记综芬评林
梅太史订选　史记神驹
新锲郑孩如先生精选　史记旁训便读
史记测义
史记钞
史记汇评
陈明卿史记考
史记奇钞

其中，内阁文库藏有多部文本相同，并作为流行文本被人们熟知的书籍，它们就是凌稚隆所撰的《史记评林》，以及同一系列的《汉书评林》。

《史记评林》是在《史记》原文和三家注的基础上，加入历代名家的评语而形成的文本。其后李光缙增补的《史记评林》，其开篇记载有历代点评者的名单：

晋（一人）：葛洪

南北朝（三人）：沈约、刘勰、李萧远

唐（十二人）：韩愈、白居易、柳宗元、权德舆、李德裕、高参、元稹、陈越石、皮日休、李观、李翱、刘知几

宋（四十六人）：王禹偁、欧阳修、范仲淹、孙复、司马光……

元（二人）：金履祥、吴澄

国朝（八十五人）

增补（国朝九人）

由以上可知，点评人有 158 人之多。各人评语中，总评被放在了书的开篇，作为对全书的集中议论，而对《史记》文本的具体评语则被放在对应各处。《汉书评林》也是一样，收录了从东汉到国朝（明代）的 147 位学者的评语。

评林之形式

众所周知，无论是《史记评林》还是《汉书评林》，"评林"这种书籍形式在明末格外流行，并被大量刊刻。现在，根据简单的调查，即便是只列举明末的书，也可以见到遍布经、史、子、集四个门类的各种"评林本"，如表 6 所示。关于"评林本"，可

表6　明末刊行的"评林本"

经部	新锓相国蛟门沈先生发刻经筵会讲易经意评林
	名公注释左传评林
	新锓汤会元遴辑百家评林左传秖型
史部	史记综芬评林
	新锲名家纂定注解两汉评林
	新刻李太史选释国策三注旁训评林
	皇明百将传评林
	新镌增补全像评林古今列女传
子部	新刻百子咀华评林
	刘向新序旁注评林
	刘向说苑旁注评林
	韩非子评林
	圆觉经精解评林
	大乘妙法莲华经精解评林
	新锲二太史汇选注释老子评林
	新刊太上老庄南华真经注解评林
集部	楚辞句解评林
	新契会元汤先生评林弇州文选
	文选纂注评林
	删补唐诗选脉笺释会通评林
	新刊焦太史续选百家评林明文珠玑
	三苏文百家评林
	四大家文选评林
	新刻注释草堂诗余评林
	新刊京本校正演义全像三国志传评林
	京本增补校正全像忠义水浒志传评林

以参考丸山浩明的《明清章回小说研究》（汲古书院，2003）第六章第一节"评林本隆盛史略"。

　　这个表并不包括明末以外所刊刻的书籍，从中也能知道评林本书籍会有多么惊人的数量。原文、注释还有评语一起合刻的评林本成了部头很大的书籍。这类书籍的大量出现，也可以作为反映明末出版文化活动繁盛的一个指标。《史记评林》《汉书评林》就是在这个出版大潮中涌现的。

　　《史记评林》（李光缙增补本）的卷首有如下内容：

　　史记评林叙（王世贞）

　　刻史记评林序（茅坤）

　　史记评林序（徐中行）

　　史记索隐序（司马贞）

　　史记索隐后序（司马贞）

　　补史记序（司马贞）

　　史记正义序（张守节）

　　史记集解序（裴骃）

　　史记正义论例（张守节）

　　史记正义谥法解（张守节）

　　史记正义列国分野（张守节）

　　谱系

　　地理图

　　史记评林凡例（凌稚隆、李光缙）

在《史记》的开篇《五帝本纪》之前，本书加入了各种各样的附录。说是过度服务亦无不可，但从某种意义上讲这就是明代学问的样式，是对当时书籍的服务。另外，这些评林本大多是在福建刊刻的，是通俗的普及版。

《史记评林》《汉书评林》的编纂与刊行

编《史记评林》《汉书评林》的凌稚隆是乌程（浙江）人。明末的乌程凌氏在出版方面颇有名气，特别以制作印刷各种彩色书籍而闻名。出生于乌程凌氏家族的凌蒙初，因为编辑明末短篇白话小说"二拍"（《初刻拍案惊奇》《二刻拍案惊奇》）而为人所知。在江南出版中心地之一，由著名的出版世家编纂了这一书系，不得不说是意味深长的。

如前所述，在《史记评林》的开头，有隶属于古文辞派的后七子、当时文坛大腕王世贞所作的序。王世贞先是对司马迁《史记》的历史评价做了一个概览。自班固叙述《史记》的缺点以来，虽然有司马贞、张守节二人努力探索《史记》的奥义，但它的整体评价还是比较低。唐人、宋人虽然重视《史记》，但不成气候。到了明代，古文辞派的李梦阳盛赞《史记》，由此，《史记》才第一次得到了应有的赞扬。但是，王世贞指出真正理解《史记》是非常困难的，他说：

> 以栋（凌稚隆）之为《史记》也，其言则自注释以至赞骘，其人则自二汉以及嘉、隆，无所不附载，而时时旁引它子史，以己意撮其胜而为之宣明。盖一发简而了然若指掌，又林然若列瑰宝于肆而探之也。自今而后，有能绍明司马之统而称良史至文者，舍以栋奚择哉。

极力称赞《史记评林》。后来，它虽然被清代学者指责为过于庞杂，但总的来说，无所不包正是明代的学术风气。

《史记评林》最初由凌稚隆编纂，万历五年（1577）刊刻以后，李光缙于万历十三年（1585）左右在福建刊刻了增补版。明末的出版业，有江南地区（包括南京、苏州等）和福建这两个中心，两者常处于竞争状态之中。以《史记评林》来看也是这样：先是凌氏在江南刊刻此书，评价甚高，见此情状，福建的李光缙马上以增补版的名义予以刊刻。从某种意义上我们可以确定，李氏的书虽然是建立在凌氏所刊书的基础之上，但像这样的畅销书大家都想争着出版，福建的书商自然也不会错过。

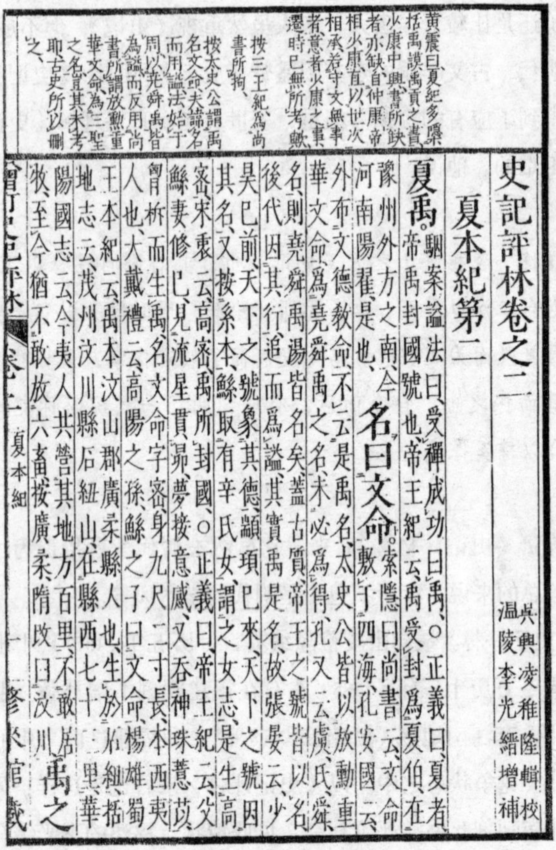

史記評林卷之二

吳興凌稚隆輯校
温陵李光縉增補

夏本紀第二

夏禹。

帝禹爲夏后而别氏，姓姒氏。

駰案：謚法曰受禪成功曰禹。○正義曰：夏者，帝禹封國號也。帝王紀云禹受封爲夏伯，在豫州外方之南，今河南陽翟是也。

名曰文命。

索隱：尚書云文命敷于四海。孔安國云外布文德教命。○太史公皆以放勳、重華、文命爲堯、舜、禹之名矣。蓋古實帝王之號皆名，以張晏云少昊名摯顓頊名高陽，有辛氏女名女志，是少昊之子。正義曰：帝王紀云父鯀妻修己，見流星貫昴，夢接意感，又吞神珠薏苡，胸坼而生禹，名文命，字密。身九尺二寸長，本西夷人也。大戴禮云高陽之孫，鯀之子曰文命。又云鯀娶於有莘氏之子曰女志，是生高密。

按太史公謂禹名文命，而書文命敷于四海，乃舜禹未登庸時，史臣贊美禹之名，非謂禹名文命也。三王紀始以爲禹名，則名文已先舜禹爲嗣矣。史公習聞舜禹之名，即以爲名，失之。

黃震曰：夏紀多襲括禹謨、禹貢之書，而互異者亦缺。火康中興書所缺者亦缺。自仲康帝相亦宜以世次相承。而反中康帝相。意者火康之重，還時已無所考，然即古史所以刪之。

曾子固曰：地志云茂汶川縣石紐山在縣西七十里。禹生於此。華陽國志云：今夷人共營其地，方百里不敢放牧六畜。按廣柔隋改曰汶川，今猶不敢放牧。至今猶不敢放。禹之故。

流行于日本

《史记评林》的流行是有理由的。因为在日本的江户时代，人们所普遍阅读的《史记》或者《汉书》版本，正是这种"评林本"。查阅长泽规矩也编的《和刻本汉籍目录》可以发现，自宽永十三年（1636）由京都的八尾助左卫门尉刊刻以来一直到明治时代为止，《史记评林》共有 26 种版本。山城喜宪有《史记评林诸版本志稿》（《斯道文库论集》第二〇集，1983）一文，在调查了51 种版本之后，将能被称为原刻的版本增加了 21 种。

其中，《史记》鹤牧版刊刻于明治二年（1869）鹤牧藩的藩校——修来馆，它被选为《和刻本正史》（汲古书院）之一而影印出版。鹤牧藩（水野氏）是位于今千叶县市原市的、当时土地年产量为一万五千石米的小藩，但在那里竟然出版了这样的书籍，足以令我们想象江户时代文化向地方普及的程度之深和水平之高。《汉书评林》也自明历四年（1658）以来直到明治时代为止，不断被印刷。《和刻本正史》里收录了明历四年京都松柏堂林和泉掾刊本的影印本。

如前所述，在江户时代流行的《史记评林》中，也有许多对《史记正义》的删削之处。泷川龟太郎氏和水泽利忠氏将它与日本的善本对校，认为之所以有必要作《史记会注考证》《史记会注考证校补》，其原因之一就是这个不完整本的《史记评林》曾经流行于世。

清代考证学与对《汉书》的再评价

在明代，《史记》受到了欢迎，流行开来。而进入清代，随着考证学——重视汉唐时代的训诂学成果的学问——变得流行，便又产生了喜好唐代以前被重视的《汉书》的这一倾向。考证学者们同时也爱好骈文，可知汉唐之学、骈文、《汉书》乃是一个整体。

作为清代考证学的代表学者之一的钱大昕在其《潜研堂文集》卷二八《跋汉书》中说：

《汉书》刊《史记》之文以从整齐，后代史家之例皆由此出。《史记》一家之书，《汉书》一代之史。班氏父子虽采旧闻，别创新意，青出于蓝，固有之矣。

比起《史记》他更盛赞《汉书》。又针对《汉书》的《古今人表》，他在《潜研堂文集》卷二八《跋汉书古今人表》中说：

此表为后人诟病久矣。予独爱其表章正学，有功名教，识见复非寻常所能及。

对此表做了高度评价。关于《汉书》，清末的王先谦为之作《汉书补注》，迄今为止此书仍然受到重视。中华书局的排印本也以《汉书补注》为底本。

第九章 | 小结
——作为相扑中"东西两横纲"的
《史记》与《汉书》

在第一部分完结之际，想对此前的内容做一个总结。

自唐代正式编纂《隋书·经籍志》以来，《史记》和《汉书》就装饰着历代正史的开头。就像相扑中有东、西两位"横纲"一样，二者是正史中的"横纲"。无论后来时代如何变化，这一认知都不曾改变。在不同的时代，二者有的只是东横纲或西横纲的差别。《史记》和《汉书》究竟哪一个才是东横纲？通过考察这一点，就能够知道不同时代的学术氛围。也就是说，《史记》和《汉书》扮演着中国文化史的晴雨表。

《史记》和《汉书》的最大不同就在于，一个是通史一个是断代史。在西汉，司马迁记叙了从上古到当代的通史。那么，有记录后世之人的书吗？沿着这一思路，班彪打算写的是《后传》（《史记后传》），是从《史记》叙述结束时的武帝时期写起，以记录此后的历史。

但是，班彪之子班固没有采用这个方针，而是书写了西汉这一个朝代的历史。这当然就产生了与司马迁《史记》重复的部分。

班固一边使用司马迁《史记》的文章，一边将其改成自己的文体。为《汉书》作注的唐人颜师古在《汉书·叙传》的注中指出：司马迁在《太史公自序》中说明各篇的撰写意图时说"作某某篇"，而与此相对，班固在《叙传》中用"述某篇"，这一点正表明班固对司马迁是谦逊的，是在向其表达敬意。事实正是如此，对比两者，则班固确实有所改写，而且在关键的地方加以改写，但是文字改写的比率并不高（因此甚至也被批评为剽窃）。

然而，通史或是断代史，编辑方针上的区别是巨大的。编辑方针的区别导致了看待历史方式的巨大分歧，或者可以说看待历史方式的分歧导致了编辑方针的区别。对于作为通史的《史记》来说，无论是秦始皇还是项羽，只要是一个时代脉动的中心人物，他就拥有了被收入本纪的资格。但如果是断代史的话，能成为本纪对象的只能是该王朝的皇帝。书写西汉王朝历史的《汉书》，是不允许汉代皇帝以外的人物进入本纪的。

见证了过去历史的司马迁，拥有所谓上帝的视角。在宇宙的另一边，他记录着一个叫作中国的地方（那便是世界本身）所发生的事情。在那里，一个王朝建立了，不久之后的王朝末期，无道之王出现，下一个王朝便代之而兴。历史就这样不断循环。也就是说，《史记》虽然终结于西汉的武帝这个光辉灿烂的时代，但也包含着将来走向灭亡的可能性。这一点正是所谓的"预设的程序"（宿命）。正所谓历史是"鉴"。在司马迁的《史记》当中，这个词的意思是最明白不过的。一旦治政失误，无论怎样伟大的王朝也会衰亡。因此，以史为"鉴"，行动起来吧。

至于班固的《汉书》，当然也不是没有"鉴"这方面的意义。因为西汉王朝到了末期便衰微下去，被王莽篡夺了政权，《汉书》当然也记载了这一过程。但是班固的《汉书》有一个后世的正史都不具备的背景，即班固生活于复兴了西汉王朝的东汉时代。这就与代元而起的明王朝所修的《元史》拥有不同的立场。明王朝对作为"他者"的元王朝的历史，某种意义上说可以毫无顾虑地批判式地书写。不，毫不过分地说，对前朝批判得越激烈，当朝就越是光芒万丈。班固见证了光武帝主导下的汉王朝中兴这一近代历史。对班固来说，汉王朝的绝对性不可动摇。他记载道："汉承尧运。"班固著《汉书》，是为了探明光辉灿烂的汉王朝的历史，换言之，是为了现在的汉王朝。如果说司马迁的《史记》是以上帝的视角、宇宙的视角来书写的话，那么班固的《汉书》就是出自更现实的、适应王朝的人间的视角、汉王朝的视角。自《汉书》以来，中国历代王朝的正史大致都是这种为当下王朝（政权）而书写的历史。

《史记》和《汉书》的立场区别也在于如何保持与儒教之间的距离。司马迁的时代，正是儒教作为国教的地位开始稳固的时代，班固的时代是儒教作为国教的地位基本确立的时代。

历史需要主轴。没有稳定的轴线则书写不了顺畅的历史；反过来说，有了稳定的轴线，历史便容易书写。如《伯夷列传》中所见的那样，《史记》对历史资料本来就存在怀疑。这是司马迁的《史记》是有魅力的作品的原因之一。但是，从另一种观点来看，正如历代《史记》批评者所说，若始皇帝也是本纪，项羽也是本纪，高祖也是本纪的话，从政治上看轴线是摇晃不定的。另一方面，班固作《汉书·古今人表》，将跨越千年的人物分为上、中、下等加以分类评论，着实显示出他具有稳定的轴线。

不用说，《史记》《汉书》都是史书，而后世除了从史书书写角度对二者进行评价以外，还将注意力放在二者的文章之上。究竟是骈文好还是古文好（从后世角度看），这是一条重要的评价指标。《史记》《汉书》在文学上也成了重要的晴雨表。

一般认为，中国小说不如西欧发达（当然这只是相对而言，西欧的小说是时代较近的作品样式）的原因之一，是中国自古以来就以史传作为刻画人物的道具，史传的发达导致虚构的小说没能兴盛起来。但是，被称为"稗史小说"的《三国演义》实际上正是从正史《三国志》等脱胎而来的，两者的关系不可说不深。

现在日本的《史记》和《汉书》

在日本的江户时代，《史记》和《汉书》的文本被大量出版和阅读，论其数量，还是《史记》略胜一筹。一般认为，江户时代的文化，继承并发展了中国明代的文化，从这个意义上讲，日本是接受了明代喜好《史记》的文化的。

明治以后的日本，也出现了重视《汉书》的学者，比如受清代考证学学风影响的狩野直喜撰写了《汉书补注补》（狩野直喜《两汉学术考》，みみず书房收录），补订了王先谦的《汉书补注》。但他们毕竟是少数派，更多地被阅读的自然还是《史记》。

从近期出版的书籍来看，以武田泰淳的《司马迁》（1943）等为首，大致还是与司马迁《史记》相关的书籍居多，呈现一边倒的态势。但是，极其片面地说，《史记》中有违背体制之处，所以是好的，与之相对，《汉书》是合乎体制的，所以无法评价，这样的氛围不能说完全没有。当然，谁都会有偏好，但是我们认为不能以这种见解为由轻视《汉书》。

《史记》是优秀的著作，这一点我们当然承认，而《汉书》也是一部必然会出现，并被人们持续阅读的书籍。其创作的时代背景和创作意图等也需要被深入挖掘。因为它讲述的是人间的历史，所以被贬抑，这种观点是不恰当的。

历史的问题也正是当下的问题。从《史记》和《汉书》当中可以看到中国史书的两种潮流。正是在《汉书》之后，历史（正史）才变成了为当朝而书写的史书。我们需要理解这一点。这也是本书选取《史记》和《汉书》这两部著作来分析的原因。

畅游作品世界

走进文字的背后

在第二部分"阅读作品世界"之中,我们将进行实际演练,试着阅读《史记》和《汉书》的文本。虽是这样说,但《史记》一百三十卷,《汉书》一百卷,无论哪一部都是卷帙浩繁。从其中举出一两个例子来代表整体确实比较困难,不可避免地会有所侧重,因此读者应从一开始就先做好思想准备。在此基础上设置以下三个主要章节:第十章《史记》选读,第十一章《史记》和《汉书》的比较,第十二章《汉书》选读。

第十章《史记》选读选取的是《伯夷列传》。《伯夷列传》是《史记》列传的第一篇,围绕伯夷、叔齐的传记,总论如何确定书写历史时的史料的可靠性,以及究竟为什么要书写历史等内容。通过精读《伯夷列传》的文本,考察司马迁的历史哲学论、史料论。

第十一章尝试比较《史记》和《汉书》的文本。《史记》和《汉书》里面有共同记载某一时代事迹的部分。这里选取《史记》《汉书》的精彩高潮——项羽和刘邦之战,即所谓楚汉之争这一题材来做对照。直接涉及楚汉之争中项羽和刘邦故事的有《史记》的《项羽本纪》《高祖本纪》,《汉书》的《高帝纪》《项籍传》这四篇文章(当然在"世家""列传"里面,项羽、刘邦也会登场)。我们将一边叙述战斗的经过,一边考察这四则文本中,司马迁、班固是如何将人物进行区别刻画的,特别是着眼于"汉王跳"的"跳"字。

第十二章《汉书》选读选取的是《古今人表》。《汉书》是记载西汉一代的断代史,只有这篇《古今人表》按时代顺序记录了从上古到秦始皇时期的人物,并将他们分成了从"上上"的圣人到"下下"的愚人的九个等级。《古今人表》虽然是表,但是对于某一人物为什么放在特定的栏里,班固竟然没有一字的说明。正如在第一部分中所分析的,尽管在历史上学者对班固《汉书》的评价很高,但对《古今人表》的评价都很差,可以说十分之九都是严厉的批评。班固为什么将稍显奇特的《古今人表》插入了《汉书》之中呢?通过读表,我将试图探寻班固的思考轨迹。

第十章 ｜ 史家的辨析
——读《史记·伯夷列传》

列传开篇的《伯夷列传》

　　《伯夷列传》其实是伯夷和叔齐二人的合传，被放在《史记》列传的开头。司马迁在《太史公自序》中叙述《史记》各篇的撰写意图，针对《伯夷列传》说：

　　末世争利，维彼奔义；让国饿死，天下称之。作伯夷列传第一。

在这里，司马迁说为了表彰伯夷、叔齐二人而作《伯夷列传》。但这篇传记并不仅仅记载了伯夷、叔齐两个人物的事迹，司马迁还围绕基本史料的取舍讨论了书写历史的立场，将"历史是什么"这个问题抛给了我们。

　　明代的茅坤在《史记钞》中对《伯夷列传》给出了"若断若续，超玄入妙"的评语，描述了其行文曲折错综的样貌。这里将《伯夷列传》的整体分为若干段落进行解读，试着理顺其逻辑思路。

之前说过，《伯夷列传》是《史记》列传的第一篇。但是《史记》成书以来至今已有两千年以上，随着时间的流逝，发生了意想不到的事情。唐代的玄宗皇帝尊崇道教，道教推崇老子，老子是李氏，唐王室也是李氏。玄宗皇帝在开元二十三年（735）下诏，命令将老子、庄子的列传置于《史记》列传的开头。原本老子、庄子的传放在《史记》列传的第三篇《老子韩非列传》之中，老子、庄子、申不害、韩非子的传被写在一起，共成一篇。玄宗将其中的老子、庄子传抽出，置于《伯夷列传》的开头，便成了《老子庄子伯夷列传》（列传第一），而作为法家思想家的申不害和韩非放在第一不合适，便放置在同是法家的《商君列传》（原列传第八）之后。

另外，据吴曾《能改斋漫录》卷一三，北宋政和八年（1118），徽宗下诏将《老子传》置于列传的第一篇，在《汉书·古今人表》中将老子置于"上圣"的位置。像这样的情况只限于特定时代的文本，现在我们所使用的大多数版本都已经恢复成了司马迁原著时的样子：《伯夷列传》是列传第一，《老子韩非列传》是列传第三篇。唐代所作的《史记》注释之一——张守节的《史记正义》，本来应该是按照老子、庄子、伯夷的顺序写的，而现在的《史记正义》是调整了顺序后的版本，将老子、庄子的列传恢复成司马迁原著的次序。但是，像台北"中研院"收藏的宋刊本（次序为《老子列传卷一上》《伯夷列传卷一下》，"仁寿本二十五史"收录）、南宋黄善夫刊本（作《老子伯夷列传第一》，"百衲本二十四史"收录）等那样，的确也存在将老子之传置于开头的版本。可见在两千年以上的流传史当中，发生了各种各样的情况。

历史的根基应当是什么？

《伯夷列传》大致由四个部分（大段落）构成。第一是历史史料论，第二是被称为《伯夷列传》本体的伯夷、叔齐的传记，第三是由伯夷、叔齐传记引申出来的命运论，第四是历史家的使命论。开头的大段落如下（现在为了方便起见，将这个大段落划分为五个小段落来解读）。

（A）夫学者载籍极博，犹考信于六艺。诗书虽缺，然虞夏之文可知也。

"载籍"，是指记录事迹的书籍。"六艺"是指儒教的经典"六经"（《诗》《书》《礼》《易》《乐》《春秋》）。"考信"的"考"是调查的意思，根据书籍等能够作为依据的材料进行调查，而不是指在头脑中进行抽象的思考。"考信于六艺"，是说将儒家经典作为可依据的材料。

"诗书虽缺"，传说上古时，诗有三千首之多，所谓"古诗三千"。孔子从其中严格筛选出三百首，就是流传至今的《诗经》。因此，被删掉的《诗》大量存在。《尚书》（《书》经）据说本来也有百篇之多，由于秦始皇焚书，也散佚了很多。

"虞夏之文可知也"是说，通过书籍特别是"六经"，可以知道尧、舜的事迹。具体的内容，《史记索隐》中有这样的表述：

按：《尚书》有《尧典》《舜典》《大禹谟》，备言虞夏禅让之事，故云"虞夏之文可知也"。

如此，指的是《尚书》中保存有关于尧、舜、禹的记录。开头的一句话，意思是"做学问的人使用的书籍范围其实很广，但是论可靠性的话还是以六经为准绳"。特别针对这里所用的"犹"字的解释，我想在读完这第一个大段落后再回过头来考虑一下。

司马迁的偶误？

（B）尧将逊位，让于虞、舜。舜、禹之间，岳牧咸荐，乃试之于位。典职数十年，功用既兴，然后授政。

（C）示天下重器，王者大统，传天下若斯之难也。

这里的（B）是针对（A）"虞夏之文可知也"所举的具体实例。舜想要让位于禹、岳牧们推荐禹的事迹，以及使其长年任职直到业绩显现时才得以让位的事迹，都见于"六经"之一的《尚书》的《尧典》《舜典》《大禹谟》等记录，在《史记·五帝本纪》中也有详细记载。

历史书写中用到的史料，其中最值得信赖的就是"六经"。因此从尧到舜、从舜到禹的禅让，"六经"所记载的内容，就是最准确的，不会有任何问题。

这里的（C），即"示天下重器，王者大统，传天下若斯之难也"，似乎正是得出的结论。这的确是一个重要的命题，为了指出这一点，先叙述了从尧到舜、从舜到禹的禅让故事。

当然，在"让天下"这一点上，这个结论性的部分也可以说是与伯夷、叔齐的让位以及作为二人传记背景的殷周交替的问题联系在一起。但在这个大段落当中，司马迁提出的最大问题，就是历史事件的真实性，或者说史实根据的问题。"天下重器"云云，从逻辑的脉络来看，可能是司马迁的偶误。从（B）到下面的（D）一口气读下去的话，司马迁讨论的主旨是十分清晰的。

不见于"六经"的传说当如何？

（D）而说者曰：尧让天下于许由，许由不受，耻之逃隐。及夏之时，有卞随、务光者。此何以称焉？

（E）太史公曰：余登箕山，其上盖有许由冢云。孔子序列古之仁圣贤人，如吴太伯、伯夷之伦详矣。余以所闻由、光义至高，其文辞不少概见，何哉？

根据"六经"里记载的内容，如果书写历史的材料全都齐备的话，则丝毫不会发生问题。但实际上，"六经"里面没有记载的，或者与"六经"相互矛盾的叙述在各种书籍中也有出现。这些情况需如何处理才好呢？司马迁在这里提出的是这样的问题。

一方面，尧让位于舜这件事在"六经"中的确有记载。但是另一方面，尧欲让位于许由这个传说也同时存在。如果让天下果然是一件不容易的事，那么这个传说的存在应该不是一件好事。事实上，就算尧的确让位于舜，尧的本心究竟是想让位于舜呢，还是想让位给许由呢？这其中有相当大的区别。

因此，这个传说的出处即（D）中的"说者"到底是谁，便成了一个问题。《史记索隐》如此说道：

> 按："说者"谓诸子杂记也。然尧让于许由，及夏时有卞随、务光等，殷汤让之天下，并不受而逃，事具《庄周·让王篇》。

即"说者"指的是"诸子杂记"，非儒家经典的诸子百家的书籍；更具体而言这里指的是《庄子》。关于尧欲让位于许由而许由拒绝这件事，可见于《庄子》的《逍遥游篇》《外物篇》《让王篇》。关于卞随、务光，《庄子·让王篇》所述如下：

> 汤将伐桀，因卞随而谋。卞随曰："非吾事也。"
> 汤曰："孰可？"
> 曰："吾不知也。"

汤又因务光而谋。务光曰:"非吾事也。"

汤曰:"孰可?"

曰:"吾不知也。"

汤曰:"伊尹何如?"

曰:"强力忍垢,吾不知其他也。"

汤遂与伊尹谋伐桀,克之,以让卞随。卞随辞曰:"后之伐桀也,谋乎我,必以我为贼也。胜桀而让我,必以我为贪也。吾生乎乱世,而无道之人再来,漫我以其辱行,吾不忍数闻也。"乃自投椆水而死。

汤又让务光曰:"知者谋之,武者遂之,仁者居之,古之道也。吾子胡不立乎?"

务光辞曰:"废上,非义也;杀民,非仁也;人犯其难,我享其利,非廉也。吾闻之曰:'非其义者,不受其禄,无道之世,不践其土。'况尊我乎?吾不忍久见也。"乃负石而自沉于庐水。

这是《庄子》中所见的卞随、务光的故事。的确,殷代的汤王曾想将王位让给卞随、务光,但两人都拒绝了,并自沉于河中。这是有记载的。

(D)末尾的"此何以称焉"会是什么意思呢?关于这里,《史记正义》如此说道:

经史唯称伯夷、叔齐,不及许由、卞随、务光者,不少概见,何以哉?故言"何以称焉",为不称说之也。

《史记正义》将这里的"何以称焉"的"何以"解读成反语。在《史记》里面，把"何以"用作反语的情况的确很多。例如《项羽本纪》的鸿门宴（参照第二部分第十一章）的场景中项羽的台词："此沛公左司马曹无伤言之；不然，籍何以至此。"同样，此处《伯夷列传》也像《正义》所说的那样，"何以称焉"是说，儒家经典中为什么没有记载关于许由、卞随、务光这些人的传说呢？这里所取的是"不记载"这个意思。这也是对儒家经典中没有关于他们的记载的疑问。

（D）末尾的"此何以称焉"与（E）末尾的"其文辞不少概见，何哉"是同一个问题的重复。这里说的是：如果许由、卞随、务光是实际存在的并且见于《庄子》的人物，那么关于他们，为什么儒家的经典里没有任何记载，这不是很奇怪吗？

在（E）中，司马迁叙述自己在游历各地的过程中曾听说了许由之墓的故事。既然许由之墓是存在的，那么许由就不是一个虚构的人物。司马迁这样发问道："许由、务光的节义实际上是很高尚的，但关于他们的文辞却如此简略，不见于经书，这是为什么呢？"这也是针对把"六经"作为历史事实的根据这一做法所提出的疑问。

如果仅仅在儒家经典当中寻求历史事实的证据，许由的存在就不能得到证实，哪怕司马迁曾亲身确认过他的墓地。然而，许由等人的事迹曾被《庄子》这部来源可靠的书籍所记载。这样的话，《庄子》的记载难道是被虚构出来的吗？

另外，（E）的开头有"太史公曰"四个字，稍微有点不可思议的感觉。因为《史记》的文章本来就是太史公司马迁所写的，从（A）到（E）的文字也都是司马迁的文章。"太史公曰"在《史记》中多置于各卷末尾的论赞之处。但是，这里的内容并不一定就相当于论赞。只是从（A）开始叙述，到这里才出现了"余（我）"这个字。可以认为，正是为了明确这个"余"就是指太史公才加上了"太史公曰"四个字的。

认为这里加入了"太史公曰"四个字很不可思议的人，果然以前也有过。司马贞的《史记索隐》说：

盖杨恽、东方朔见其文称"余"，而加"太史公曰"也。

杨恽是司马迁的外孙，东方朔是西汉武帝时人。虽然现在无法确认，但此四字为后人所加，有可能是事实。

经书与史书的区别

那么再来看一下这个《伯夷列传》的（A）（B）（C）（D）（E）的开头部分吧。起始段落（A）说："夫学者载籍极博，犹考信于六艺。"司马迁是如何考虑这个命题的呢？首先，从儒家的立场来说，记载于"六经"的事迹就是正确的，不被"六经"记载的就是可疑的，因此可以解释为应当以"六经"为依据。

但从（D）处重视《庄子》的引文这一点，并联系第一部分中所说的司马迁赞成老庄思想的议论，综合二者来看，这一段的解读方法可能会稍有改变。特别是"犹考信于六艺"的"犹"字很值得注意。"犹"这个字，通常解释为果然、依然，也表示一种不太肯定的判断。关于"犹"字，伊藤东涯的《操觚字诀》卷二如此写道：

> 注：犹，似也。这里说的虽不是完全相同，但大致上仍相似如一。

即，不是完全相同但也差不多就是这样。司马迁没有断定一定要以"六经"为根据，而是说，如果在众多书籍的记载出现矛盾的情况下，必须要采取某种标准进行判断的话，那么就暂以"六经"为依据吧。他这样一种论调，当然是以依据"六经"为前提的，但这种说法也并非百分之百以"六经"为标准。一个"犹"字，显示了他也容许不以"六经"为依据的情况出现（这也是司马迁的心迹）。

世人都根据"六经"中的尧、舜、禹来叙述，但许由这一优秀人物的存在不是没有被好好地记下来吗？他的事迹只不过是没有被"六经"记载而已吗？司马迁在慨叹着。他对以"六经"为依据这件事本身产生了怀疑。实际上，如果只是"六经"里有的记载才写进史书的话，那么《史记》这样的史书不是就不能够形成、出现了吗？司马迁见过许由的墓，而被记录在《庄子》这一部来源可靠的书籍中的许由，只是因为在儒家经典里面没有记录，就必须被从历史中抹杀掉吗？

"六经"并不代表所有。这既可以说是司马迁对儒教一尊的立场的不满，同时也可以说是经书与史书的本质区别。经书是规范的世界，应然的世界。与此相对应，史书是事实的世界，实然的世界。因此，应然世界的经书和实然世界的史书，原本不就是不同的世界吗？正如在第一部分中所说的，司马迁在写作《史记》时意识到了作为经书的《春秋》，这里的意思不是说，《史记》中没有应然的世界。但是，司马迁的"六经并不代表所有"这一句话，不正是将横在经书和史书之间的鸿沟展现在我们面前的史家的呐喊吗？

另外，司马迁为什么在《伯夷列传》的开头叙述了这样的历史史料论呢？这不是因为别的，正是因为伯夷、叔齐的史料没有存在于经书之中。关于伯夷、叔齐，的确流传有孔子的言论。原文在第四大段中即将集中展开论述，伯夷、叔齐之所以留名于后世，正是因为孔子曾谈到他们。实际上，原文第二大段里面具体叙述的伯夷、叔齐的事迹，主要依据的是《韩诗外传》《吕氏春秋》等书的记载，而不见于"六经"之中。不见于"六经"的伯夷、叔齐的传记，写在这里合适吗？司马迁就好像在预先回答这样的非难似的，于此处设置了史料论。

这一议论，与在第一部分中所说的"历史叙述从何处开始"的相关讨论很类似。整部《史记》的开头《五帝本纪》的五帝之中，只有儒家经典《尚书》之中有关于尧的记载，而有关黄帝、颛顼、帝喾的事迹，经书中都没有记载。但是，司马迁亲自去各地旅行，不仅听说了有关黄帝的传说，而且也听说孔子曾传下来记录尧、舜以外上古帝王事迹的《五帝德》《帝系姓》等书籍。因此，即便儒家书籍里面没有记载，但司马迁还是从其他各种书籍中选取典雅的记叙，写出了黄帝等人的传记。这是司马迁的决断之处。他在为伯夷、叔齐作传的时候也做了同样的决断。《伯夷列传》表明了司马迁选择史料的决心，这一决心贯穿《史记》始末。

伯夷、叔齐之怨

接着是第二大段落。在开头的第一大段中，司马迁完全没有提及作为重要主人公的伯夷、叔齐。从这里开始，伯夷、叔齐终于登场了。

（F）孔子曰："伯夷、叔齐，不念旧恶，怨是用希。""求仁得仁，又何怨乎？"余悲伯夷之意，睹轶诗可异焉。

这很明确是对孔子之言的疑问。孔子的两则发言，前者"伯夷、叔齐，不念旧恶，怨是用希"见于《论语·公冶长》。开头如果加上"子曰"二字，则完全和《论语》原文一样。"旧恶"是说殷纣王的旧恶，纣王做尽坏事，为周武王所灭。被灭之后伯夷、叔齐不念纣王所做的恶事，而是看重臣子对过去的君主的义，不仕于周而饿死。贯彻了自己的义，所以对谁都不怨恨。针对《论语》的这一条，也有好几种不同的解释，至少司马迁是这样理解并在此加以引用的。后者"求仁得仁，又何怨乎"见于《述而篇》：

> 冉有曰："夫子为卫君乎。"子贡曰："诺，吾将问之。"入曰："伯夷、叔齐，何人也？"曰："古之贤人也。"曰："怨乎？"曰："求仁而得仁，又何怨？"出曰："夫子不为也。"

根据《论语·述而》的文脉来看，"伯夷、叔齐不怨"的意思似乎是对让出王位这件事没有怨恨，没有遗憾。子贡想向孔子询问：发生王室动乱的卫国政治，孔子是参与还是不参与？但他没有直接发问，而是问道，互让王位的伯夷、叔齐是什么样的人。孔子回答：伯夷、叔齐认为比起君主的宝座，作为人的"道"更加重要，他们对于让位没有任何怨恨。通过这个回答，子贡领会到孔子没有参与卫国政治的心意。

在《论语》中，孔子虽然认为伯夷、叔齐"不怨"，但从逸诗（《伯夷列传》所引）来看，不能肯定地说不怨。孔子的解释难道不应打个问号吗？司马迁明确地对孔子的言论提出了怀疑，这也是对之前以"六经"为依据的怀疑。

当然，司马迁尊奉儒教。将孔子列入世家显示了这一点，作《仲尼弟子列传》也体现了这一点。但是，司马迁对儒教的态度似乎有冷淡之处。

下面，是伯夷、叔齐传记的具体展开。

（G）其传曰：伯夷、叔齐，孤竹君之二子也。父欲立叔齐，及父卒，叔齐让伯夷。伯夷曰："父命也。"遂逃去。叔齐亦不肯立而逃之。国人立其中子。于是伯夷、叔齐闻西伯昌善养老，盍往归焉。及至，西伯卒，武王载木主，号为文王，东伐纣。伯夷、叔齐叩马而谏曰："父死不葬，爰及干戈，可谓孝乎？以臣弑君，可谓仁乎？"左右欲兵之。太公曰："此义人也。"扶而去之。武王已平殷乱，天下宗周，而伯夷、叔齐耻之，义不食周粟，隐于首阳山，采薇而食之。及饿且死，作歌。其辞曰："登彼西山兮，采其薇矣。以暴易暴兮，不知其非矣。神农、虞、夏忽焉没兮，我安适归矣？于嗟徂兮，命之衰矣！"遂饿死于首阳山。由此观之，怨邪非邪？

首先，针对开头的"传"字，《索隐》注云：

按："其传"盖《韩诗外传》及《吕氏春秋》也。

实际上看这些书便可以知道，《韩诗外传》的卷一、卷三、卷七，《吕氏春秋》的卷一二中有关于伯夷、叔齐的记载，司马迁正是用这些资料书写了此传。

西伯昌即周文王姬昌，太公即是武王军师太公望吕尚。殷纣王即是殷朝最后一任国君，被认为是暴君。

这一段叙述了伯夷、叔齐传记的细节部分。伯夷、叔齐是孤竹国国君的儿子，伯夷和叔齐都不接受王位，逃到他国。这一点，与《太史公自序》中所说的众人皆争利，而伯夷、叔齐让国这一点相符合，也与最开头讲述让国的困难一段相联系。正如在《庄子》中所见的，司马迁如果是站在赞同卞随、务光拒绝接受天下这一立场上的话，那么伯夷、叔齐正是一个很好的例子。可以说，在这个例子中，伯夷、叔齐作为一个列传中的人物登场有其意义。

伯夷、叔齐偶然听说西伯（周文王）善待老人，便逃到西伯的领地生活。西伯的儿子周武王想讨伐殷纣王。周武王在发兵讨伐殷朝之时，父亲文王刚去世不久，而以臣子讨伐君主，是为不义，因此伯夷、叔齐劝谏武王。他们是正义派。

从武王的立场来看，不好的是暴虐的纣王。只要纣王还在，人民就得过苦日子。他是为了拯救黎民才揭竿而起的。历史就是这样会重演：本来殷朝就是商汤为了解救夏桀暴政下的人民，兴兵反抗才建立起来的。

武王没有理睬二人的建议。军师太公望吕尚说"义人也"，然后扶而去之。原文的"扶"，是从两侧压迫过来排挤掉的意思，伯夷、叔齐是被有力气的人搀扶走的。天下成了周的，伯夷、叔齐耻于食周之粟，藏身于首阳山，饿死了。也就是说，伯夷、叔齐否定了周的天下。

禅让或是放伐？

这里有一个大问题。为什么呢？儒教的世界里，讨伐殷朝建立起来的周朝才是理想的国家。武王之所以伐殷，是因为殷纣王暴虐，失去了天命。如果听从伯夷、叔齐的建议不讨伐纣王，那么殷的暴政始终不会停止，人民也无法从痛苦中脱离。

从《史记评林》也可以看出，这是后人聚讼纷纭的主题之一。其中宋代苏辙的《古史》这样说道：

> 武王以大义伐商，而伯夷、叔齐亦以义非之。二者不得两立，而孔子与之，何哉？夫文武之王，非其求而得之也，天下从之。虽欲免而不得，纣之存亡不复为损益矣。文王之置之，知天命之不可先也；武王之伐之，知天命不可后也。然汤以克夏为惭，而孔子谓武未尽善，则伯夷之义岂可废哉？

在文王与武王之间画一条线，同样是周天子，但稍责武王；同时又将文王、武王的事业全部归于天命。这样的话，也不是不能消解与伯夷、叔齐之间的矛盾。无论文王怎么优秀，如果没有武王推翻纣王，周天下肯定就是一句空话。

从让天下这一点来看，尧让天下于舜是禅让，周推翻殷是"放伐"（出自《孟子·梁惠王下》："齐宣王问曰：汤放桀，武王伐纣，有诸？"——译者注），禅让与放伐，政权更迭的两种情况在《伯夷列传》里面一起呈现。书写《史记》，特别是书写通史当然要写王朝的更替；而王朝的更替是通过禅让来实现还是通过放伐来实现，这是一个大问题。几乎所有情况都是通过放伐来实现权力的转移的，但在《五帝本纪》当中，实行了禅让的王者被高度评价，在《伯夷列传》当中记载了反对放伐的伯夷、叔齐的事迹，这使得对禅让的评价，或者"放伐反对论"具有更深的意味。

伯夷与叔齐归隐于山中，在饿死之际所作的歌谣，绝对不能说是孔子所谓的"无怨"。司马迁之所以展示这首诗，正如（F）中所说"余悲伯夷之意，睹轶诗可异焉"，明确表示出对孔子说法的疑问。伯夷、叔齐，一方面知道天下为重器，于是让位逃隐，反对放伐，另一方面反而不能得到善报，饿死山中。段落末尾的"由此观之，怨邪非邪"这两句，正是司马迁对孔子"伯夷、叔齐似乎满足而死"的议论发出的感慨：竟然还有这样的无稽之谈？

伯夷颂

以上，从司马迁专门讲述伯夷、叔齐事迹的视角阅读了《伯夷列传》的内容。然而《伯夷列传》毕竟是伯夷和叔齐的传。把焦点放在伯夷、叔齐的人生上当然是可能的。例如唐代韩愈的《伯夷颂》（《朱文公校昌黎先生集》卷一二）说：

当殷之亡，周之兴，微子贤也，抱祭器而去之。武王、周公，圣人也，率天下之贤士与天下之诸侯而往攻之，未尝闻有非之者也。彼伯夷、叔齐者，乃独以为不可。殷既灭矣，天下宗周，彼二子者独耻食其粟，饿死而不顾。繇是而言，夫岂有求而为哉？

信道笃而自知明者也。

这一段高度评价伯夷、叔齐，称赞可以在他们身上看到"虽千万人吾往矣"的气概。周文王、武王的功绩是圣人的功绩，但是，胆敢抵抗文王、武王的伯夷、叔齐，他们的行为也是了不起的。生在中唐时代的韩愈重视儒教，因此反对皇帝尊崇佛教，曾上《谏迎佛骨表》，其结果是左迁南海。韩愈对"信道笃"这一种人生态度有深深的共鸣。

据说，在我国，江户时代的德川光圀读《伯夷列传》，被二人的节义所感动。这背后有个故事。尽管光圀是次男，而他却超过兄长成了家族的继承人。他大概本想把藩国让给兄长，像伯夷、叔齐那样隐居的。在东京的后乐园里，还残留有"得仁堂"，是光圀为祭祀伯夷、叔齐而建的。

天道是耶非耶？

此后是第三大段落。话锋一转，从伯夷、叔齐的生涯转换为"天道是耶非耶"的话题。

（H）或曰："天道无亲，常与善人。"若伯夷、叔齐，可谓善人者非邪？积仁洁行如此而饿死！且七十子之徒，仲尼独荐颜渊为好学。然回也屡空，糟糠不厌，而卒蚤夭。天之报施善人，其何如哉？盗蹠日杀不辜，肝人之肉，暴戾恣睢，聚党数千人横行天下，竟以寿终。是遵何德哉？此其尤大彰明较著者也。若至近世，操行不轨，专犯忌讳，而终身逸乐，富厚累世不绝。或择地而蹈之，时然后出言，行不由径，非公正不发愤，而遇祸灾者，不可胜数也。余甚惑焉，傥所谓天道，是邪非邪？

"天道无亲，常与善人"，司马迁虽然只说"或曰"而没有指明出处，但它见于《老子》第79章。"七十子之徒"是孔子的弟子。颜渊是年纪轻轻即殒命的孔子的弟子。"回也屡空"见于《论语·先进篇》："回也其庶乎，屡空。""盗蹠"又作"盗跖"，是盗贼的名字。《庄子》有《盗跖篇》，写的正是这个人物。《孟子·滕文公下》中有这样几句话：

仲子所居之室，伯夷之所筑与，抑亦盗跖之所筑与。所食之粟，伯夷之所树与，抑亦盗跖之所树与。

这里将伯夷和盗跖进行对比，一起列举出来。司马迁或许是由《孟子》的这段文字获得灵感，在《伯夷列传》中提到了盗跖。

说起司马迁，或者说起《史记》，因李陵事件被处以宫刑的背景，以及此处的"是邪非邪"便一齐浮现。这一节确实是沉重的一节。

西方世界里的神在中国就是天。天中有道，有理，正如太阳从东边升起，从西边落下，自然界有它的法则。同样，人间也有它的法则，这个法则就是"天道与善人"，也可以说是劝善惩恶。善行有善报，恶行有恶报，这是理所当然的。但是，伯夷、叔齐行所谓的义举，结果却是躲进山中饿死。孔子的弟子中被称为第一的颜渊，年纪轻轻便死去了。这不是善行没有得到善报吗？与此相反，盗贼盗跖杀了很多人，犯下各种恶行，却得以全天寿。这不是恶行没有得到恶报吗？

即使是最近，看人世间，大概尽是不公平的事。天道能说是正确的吗？当然，这个问题当中既反映了司马迁自身不幸的体验，也是司马迁对"伯夷、叔齐怨乎"这一问题的回答。伯夷、叔齐对这种天道不公难道真的不怨吗？

命与名

那么，对于这样的天道不公，就无计可施了吗？不，有的。揭示这个方法的就是最后第四大段落的内容。

（I）子曰"道不同不相为谋"，亦各从其志也。故曰："富贵如可求，虽执鞭之士，吾亦为之。如不可求，从吾所好。""岁寒，然后知松柏之后凋"。举世混浊，清士乃见。岂以其重若彼，其轻若此哉？"君子疾没世而名不称焉。"贾子曰："贪夫徇财，烈士徇名，夸者死权，众庶冯生。"

孔子的"道不同不相为谋"见于《论语·卫灵公篇》。"富贵如可求，虽执鞭之士，吾亦为之"也见于《论语·述而篇》。"如不可求，从吾所好"是紧接在后面的话。重要的是，自己的志是行善的志，其结果是二分的。这就是这里引用的话的意思。

"岁寒，然后知松柏之后凋"见于《论语·子罕篇》。就像在冬天松柏仍然有青色的叶子，只有污浊的世道中才会有清廉之士。清廉之士，应该被正确地对待。但是看遍世间的状态，却是富贵者如此被重视，贫贱者这般被轻视。司马迁因此发出了疑问。这也与前面的"是耶非耶"的主题相关。

孔子说的是"志"这个问题，而事实上，富贵与贫贱的区别恐怕已经超出了这个问题的范围，"不是吗？"这是司马迁的疑问。

"君子疾没世而名不称焉"见于《论语·卫灵公》。（Ⅰ）段落末尾所引的贾子，即贾谊的话当中，重要的是"烈士徇名"这一句。一方面，孔子认为重要的是志，富贵或者不富贵，被世间认可或者不被认可，不是一个重要的问题。但是另一方面，孔子又担心不能留名于世，同时贾谊也说烈士为名而行动。这样的话，对"其重若彼，其轻若此"的状态就不能一笑置之了。一边说"重要的不是结果而是志向"，一边又说"必须要留名千古"，孔子的话不是自相矛盾吗？司马迁想说的就是这个问题。那么，为了留名，怎么做才好呢？

历史家的使命

（J）"同明相照，同类相求。""云从龙，风从虎，圣人作而万物睹。"伯夷、叔齐虽贤，得夫子而名益彰。颜渊虽笃学，附骥尾而行益显。岩穴之士，趣舍有时若此，类名堙灭而不称，悲夫！闾巷之人，欲砥行立名者，非附青云之士，恶能施于后世哉？

这是最后一段。"同明相照"云云，《易》"乾"的《文言传》中有"同声相应，同气相求"，又有"云从龙，风从虎"。云与龙的比喻，看韩愈的《杂说》便容易明白。《杂说》写道：龙虽然是伟大的动物，但只有乘云才能升天。因此，无论是谁，只有有了将他的传记记录下来的人，才能留名。正如伯夷、叔齐的事迹通过出现在孔子的言论中才流传下来，颜渊也是因为有孔子的赞赏才为后人所知。也就是说，只有"附青云之士"才能留名后世。

藏身于岩穴的士人即便再卓越，时运不济时也可能不会出人头地；偏处陋巷里的人，果然还是有可能声名不显。这是很悲观的见解。以"六经"为依据的话，其中的大多数人都能称得上是建立了功业的人。而"岩穴之士""闾巷之人"即便再卓越，他们的名字难道也无法流传下来吗？这是一个问题。但是，只要有书写他们事迹的人出现，他们的名字就能流传于后世。

司马迁在这里述说着作为历史家的立场。伯夷、叔齐的确可能是通过孔子的言论才流传了下来。但现在，这二人的传记经过我的书写，将会更加确定无疑地流传后世。司马迁有这种承担使命的自负。

另外，对于在第一大段中出现的许由，司马迁虽然在《五帝本纪》里没有涉及，但在《燕召公世家》《范雎蔡泽列传》《袁盎晁错列传》中，他将尧让天下给许由这件事写进了人们的言论之中。这样，许由的事迹也经由司马迁之笔永远地流传了下来。

反过来考虑刚才的"天道是耶非耶"，这个问题也可以借用历史的力量得到解决。《伯夷列传》中，通过书写伯夷、叔齐的行为，又通过记录颜渊的事迹，将他们的善行永远流传下去，同时盗跖的恶行也由此流传千年万年。关于颜渊，不用说，其事迹被写进了《仲尼弟子列传》。

宋代的罗大经在《鹤林玉露》卷一六中如此说道：

太史公《伯夷传》，文章绝唱也……《伯夷传》以"求仁得仁，又何怨"之语设问，谓夫子称其不怨，而《采薇》之诗犹若未免怨，何也？盖"天道无亲，常与善人"，而达观古今，操行不轨者多富乐，公正发愤者每遇祸，是以不免于怨也。虽然，富贵何足求，节操为可尚，其重在此，其轻在彼。况君子疾没世而名不称，伯夷、颜子，得夫子而名益彰，则所得亦已多矣，又何怨之有？

伯夷、叔齐之名因为孔子和司马迁而切切实实地流传后世，这样不就已经很好了吗？对他们本人来说是人生的不幸，但用长远的眼光来看，天道是在正确地履行着职责。《史记评林》中记录了最早的评语，即六朝的葛洪所说的：

> 伯夷首列传，以为善而无报也。

这也指出，现实中没有得到善报的伯夷、叔齐，其事迹以《伯夷列传》的形式被放在《史记》列传的开头，从而永远留在了记录之中。天道看起来好像并不公平，但是，正是史家的力量最终证实了天道仍然是公正的。

《伯夷列传》是司马迁对历史的辨析，是史家自负的宣言。将这一篇置于列传之首，其意义正在于此。

第十一章 | 刘邦是"逃了",还是"跳了"?

正如在第一部分中所述,撰写《史记》和《汉书》的大背景是不同的。对司马迁来说,汉王朝是一个接一个更替的王朝当中的一个;而对班固来说,汉王朝却是唯一光辉灿烂的王朝。这样的区别,在实际的文本中有怎样的体现呢?

项羽是汉王朝的开创者高祖刘邦最大的对手和敌人。项羽的传记,在《史记》中是本纪,在《汉书》中是列传,这一点之前已经讲过。那么,司马迁和班固的立场的不同,是如何体现在两者的具体表现方法之中的呢?带着这一问题,我们来阅读和比较项羽、刘邦之间的战争,即所谓的汉楚之战中对高祖刘邦的描写方法。

在秦朝末期的大混乱中,形势渐渐变成项羽和刘邦二人的竞争。最后刘邦取得了胜利,建立了汉王朝。在这个过程中,千钧一发的时刻,刘邦有一些不光彩的行为。在《史记》《汉书》之中,高祖刘邦的行为是如何被描写的呢?让我们以此为中心来看一看。

"刘季""沛公""汉王""高祖"——刘邦的称呼

将战国时代的分裂状态最终统一的是秦。秦王嬴政在公元前221年成为始皇帝，推行了强有力的统一政策。但是，因为实行了过于苛刻的政治，渐渐地失掉了人心。在始皇帝死后不久，公元前209年，陈胜、吴广等发动叛乱，各地也接二连三燃起了反秦的火炬。其中，有楚国将军的后代项羽，以及刘邦——好酒好女色的亭长（驿站的长官）。

在《史记》的《项羽本纪》和《高祖本纪》中，记载了二人看到秦始皇的行进队伍时各自不同的反应。项羽说：

> 彼可取而代也。

刘邦说：

> 嗟乎，大丈夫当如此也。

以日本来说，二者颇像织田信长与德川家康。同样是见到秦始皇，两者的反应很好地刻画了二人的不同性格。二人各自的台词，在《汉书》中也有出现，前者见于《陈胜项籍列传》，后者见于《高帝纪上》（后者在《汉书》中略有差异，作"嗟乎，大丈夫当如此矣"）。

虽然各地反秦之火炬接连燃起，但谁会成为反秦的中心人物？《史记·项羽本纪》中可以看到，军师范增曾经对项羽的叔父项梁说过这样的话：

陈胜败固当。夫秦灭六国，楚最无罪。自怀王入秦不反，楚人怜之至今，故楚南公曰"楚虽三户，亡秦必楚"也。今陈胜首事，不立楚后而自立，其势不长。今君起江东，楚蜂午之将皆争附君者，以君世世楚将，为能复立楚之后也。

正如范增所说的那样，灭秦而将天下收入掌中的大概是楚，这在当时是很普遍的看法。然后项梁又找到了在民间牧羊的楚怀王之孙心，将其奉为楚怀王。

各地揭竿而起的叛军，渐渐集中在了楚怀王的麾下。项羽和刘邦最初也是在楚怀王（实际上是项梁）的军中。《史记·项羽本纪》说：

项梁使沛公及项羽别攻城阳，屠之。西破秦军濮阳东，秦兵收入濮阳。沛公、项羽乃攻定陶。

可见，最初项羽和刘邦（沛公）曾一起作战，共同展开军事行动。不久项梁战死，项羽率领全军向秦地进发。楚怀王与诸将约"先入定关中者王之"，而率先攻陷秦都城咸阳的是刘邦。但这时，刘邦的军队只有十万，后来赶到的项羽的军队有四十万，驻扎在咸阳城外的鸿门。刘邦出鸿门迎接，表示自己并没有背叛项羽之心。范增预料刘邦将来必定成为项羽的阻碍，在二人会面的时候多次给项羽暗示，让他下令杀掉刘邦，但项羽没有下定决心这么做。另外，在刘邦这边，樊哙很积极地帮助他，使得刘邦总算保住了性命，逃出了鸿门。《项羽本纪》的高潮之一"鸿门宴"发生在公元前206年（《汉书》中鸿门宴的故事被移写到了《高帝纪》）。

其后，项羽的军队攻入秦都城咸阳，烧毁了秦的宫殿，极力掠夺。秦灭后，怀王（秦灭后为义帝）论功行赏，项羽成了西楚霸王。刘邦凭借率先攻入咸阳的功绩，本来当为整个关中地区的王。关中指的是东到函谷关、西到陇关之间的地域，大致与现在的陕西省相当。秦的都城咸阳，与后来西汉的都城长安都在关中，是当时中国的交通枢纽和重要城市。项羽和范增担心刘邦会占领这个咽喉要道，说"将沛公封锁在交通恶劣的巴、蜀（现在的四川省）之地的话就好了"，于是强辩"巴、蜀亦是关中也"，将汉中的一部分，加上南侧的非关中的巴、蜀之地分给刘邦，任命其为汉王。从此，成为汉王的刘邦的命运转折即将开始。

刘邦的称呼，在成为汉王之前，《史记·高祖本纪》开头部分称其为"高祖"；自从竖起反秦旗帜，则称其为"刘季"（《史记》当中，季是刘邦的字）。不久当了沛地（江苏省）的县令，故又称"沛公"。因而，鸿门宴之时被称为"沛公"。之后，自从成为"汉王"后便称其为"汉王"，年号也是"汉王元年"。后来建立汉王朝，成为第一代皇帝，又成了"高祖"。不过，《汉书·高帝纪》不用"刘季"，只用"高祖""沛公""汉王""高祖"。"刘季"这一称呼，意思是指刘家的小儿子，是与小名类似的轻率的叫法，因此班固回避它，改称"高祖"。在称呼上，司马迁与班固的区别也显现了出来。

彭城出逃的剧情

汉王二年（前205）春天，汉王刘邦率领五十六万大军袭击了西楚霸王项羽的都城彭城（江苏省）。离开彭城去进攻齐国的项羽，立即率领三万精兵折返，袭击了聚敛了珍宝美女并整日在彭城饮酒作乐的汉军。汉军陷入大混乱，十万士兵落入谷水、泗水淹死了。汉军被迫撤退，又有十多万人落入睢水而死。楚军将汉王重重包围，此时大风骤起，汉王才得与数十骑逃脱。

欲过沛，收家室而西；楚亦使人追之沛，取汉王家：家皆亡，不与汉王相见。汉王道逢得孝惠、鲁元，乃载行。楚骑追汉王，汉王急，推堕孝惠、鲁元车下，滕公常下收载之。如是者三。曰："虽急不可以驱，奈何弃之？"于是遂得脱。求太公、吕后不相遇。审食其从太公、吕后间行，求汉王，反遇楚军。楚军遂与归，报项王，项王常置军中。

这里讲的故事是，逃跑途中，汉王刘邦害怕车速变慢，多次把长男和长女推下自己乘坐的车子，两个孩子被滕公夏侯婴收容在自己车上才得以保全。上述引用见于《史记·项羽本纪》，而

这个故事不见于《高祖本纪》。但在《汉书》中,这件事被记载于《高帝纪》:

> 汉王道逢孝惠、鲁元,载行。楚骑追汉王,汉王急,推堕二子。滕公下收载,遂得脱。

正如在第一部分中所介绍的那样,吕后杀掉戚夫人的故事,被班固从《史记·吕太后本纪》中移到了《汉书·外戚列传》之中。对于汉王朝的创始人刘邦来说,这件事毕竟不是那么好听的,因此将它写进夏侯婴的传记(《史记》《汉书》的夏侯婴传记里面当然记载了这件事)或者是项籍的传记里岂不很好?但是,班固竟然把它写进了《高帝纪》。从汉王朝的创业这一大事业的角度来看,子女的性命并不是重要的问题。班固考虑的大概是,丢弃子女性命的汉王才是伟大的,因此才故意把这个故事写进了《高帝纪》。

然而,这个故事在《史记》夏侯婴的传记(《樊郦滕灌列传》)中是这样书写的:

> 从击项籍。至彭城,项羽大破汉军。汉王败,不利,驰去。见孝惠、鲁元,载之。汉王急,马罢,虏在后,常蹶两儿欲弃之,婴常收,竟载之,徐行面雍树乃驰。汉王怒,行欲斩婴者十余,卒得脱,而致孝惠、鲁元于丰。

这里《史记》刻画的是,刘邦数次将子女们丢下车,十几次想要杀掉夏侯婴。可见，司马迁在本纪和列传里面，改变了描写高祖行为的色调。这一点，在《汉书》夏侯婴的传记中也一样，还是十几次想要杀掉夏侯婴。可见司马迁也好，班固也好，针对同一事件在本纪和列传里面采用了不同的书写方法（因为主人公不同，某种意义上说也是必然的）。

这时，项羽抓住了刘邦的父母和妻子吕后，一直把他们安置在军中。项羽拿他们做了人质。

对成皋危机的描写方法——"逃"还是"跳"？

被楚军大败的刘邦逃到荥阳（属河南省），以此作为根据地。但是，连这里也被项羽的军队逼近、包围了。刘邦的部下纪信化妆成汉王，演出了一段向项羽投降的假戏，刘邦趁机带着数十骑成功逃命。刘邦进入了成皋，项羽又包围了成皋。以下是《史记·项羽本纪》中的记叙。此处，我们注意一个表达：

> 汉之四年，项王进兵围成皋。汉王逃，独与滕公出成皋北门，渡河走修武，从张耳、韩信军。

这里看似明白无误地写着"汉王逃"，但是同样是《史记》，《高祖本纪》对同一场景描写的却是：

项羽已破走彭越，闻汉王复军成皋，乃复引兵西，拔荥阳，诛周苛、枞公，而虏韩王信，遂围成皋。

汉王跳，独与滕公共车出成皋玉门，北渡河，驰宿修武。自称使者，晨驰入张耳、韩信壁，而夺之军。

这里描写汉王的词不是"逃"而是"跳"了。也就是说，司马迁在叙述同一事件的时候，在《项羽本纪》和《高祖本纪》中所用的表达是不同的。班固的《汉书》，果然也同时在《高帝纪》和《项籍传》中描写了此事，但班固在这两篇当中都用的是"跳"。也就是说，班固明明是根据《史记·项羽本纪》写了《汉书·项籍传》，却故意将"逃"改成了"跳"。

我们展示一下两段文字：

遂围成皋。汉王跳，独与滕公共车出成皋玉门，北渡河，宿小修武。自称使者，晨驰入张耳、韩信壁，而夺之军。（《汉书·高帝纪》）

进围成皋。汉王跳，独与滕公得出。北渡河，至修武，从张耳、韩信。楚遂拔成皋。（《汉书·项籍传》）

"逃"与"跳"，究竟有什么区别？班固为什么把"逃"改为"跳"？又，针对这段文字，后世的人是如何解释的呢？我们将此处作为《史记》《汉书》解释史的一个例子，稍微详细地来看一看。

"逃""跳"的解释史

首先，关于《史记·项羽本纪》的"逃"，裴骃的《史记集解》说：

晋灼曰："独出意。"

其次，关于《史记·高祖本纪》的"跳"，《史记集解》注云：

徐广曰："音逃。"

《史记索隐》注云：

如淳曰："跳，走也。"晋灼按：《刘泽传》"跳驱至长安"。《说文》音徒调反。《通俗文》云"超通为跳"。

接着再看《汉书》的注。关于《高帝纪》的"跳"，注云：

如淳曰："跳音逃，谓走也。《史记》作逃。"晋灼曰："跳，独出意也。"师古曰："晋说是也，音徒雕反。"

《汉书·项籍传》的"跳"，注云：

师古曰："轻身而急出也。跳音徒雕反。"

这里所见的"徒调反""徒雕反"，是表示汉字读音的方法，即所谓反切法。一个汉字的发音，可以分为声母和韵母两个部分。例如，"逃"这个字的话，用现在的拼音来表示就是"táo"，这个"t"就是声母，"áo"的部分就是韵母（除声母之外的部分）。反切法就是这样一种表音方法：例如"徒调反"的话，就是将"跳"字的发音，分成反切前字（这里就是徒"tú"）的声母"t"和后字（这里就是调"tiáo"）的韵母"iáo"，两者相合而成。在这里，"跳"是平声字。在现在的北京话里面，"跳"是"tiào"，是第四声，这是因为后来字音发生了变化。

现在虽然按照《史记》《汉书》的顺序排列，但是正如在第一部分中所说的，直到唐代为止，对两书的评价，《汉书》具有压倒性的优势，因此《汉书》注是先完成的。这里能知道名字的人，从颜师古的《汉书叙例》等资料来看，按照时代顺序加以整理的话，就有：注《汉书》的魏人如淳，其次有作《汉书集注》的晋灼、作《史记音义》的徐广、作《史记集解》的裴骃，他们都是南朝宋时人。裴骃在《史记集解叙》曾经提到徐广的《史记音义》，因此可以确定裴骃见过徐广的《史记音义》。《史记·高祖本纪》的注中所引用的《刘泽传》，出自《史记·荆燕世家》。吕后死后，刘泽讨伐了一直以来滥用权力的吕氏一族，举兵而起：

　　至梁，闻汉遣灌将军屯荥阳，泽还兵备西界，遂跳驱至长安。

这里讲的就是此事。《史记集解》注云：

　　《汉书音义》曰："跳驱，驰至长安也。"

《史记索隐》注云：

　　跳，他雕反，脱独去也。又音条，谓疾去也。

整理一下便知，首先，除了本来作"逃"的《史记·项羽本纪》之外，"跳"字的解释分为两种：

　　（A）"逃""走"等"逃跑"的意思。如淳、徐广。
　　（B）"独出""急出"等"独自逃脱"的意思。晋灼、颜师古。

可以确定，本来司马迁在《项羽本纪》和《高祖本纪》中分别使用了"逃"和"跳"，然后班固故意将《史记·项羽本纪》中的"逃"改成了《汉书·项籍传》中的"跳"，随着这一改动，"逃"和"跳"的意思就有了区别。"逃"的意思只能是"逃跑"，所以毫无疑问，司马迁在刘邦的传记中避免了使用"逃跑"这样的意思，而班固在所有的场合都避免对高祖刘邦使用"逃跑"，因此改用了"跳"。

问题是对这些"跳"字的解释。当然在千钧一发的时刻，高祖刘邦都能把后背留给敌人，从包围圈中逃了出来，这的确是事实；但问题是对于这种情况，应当如何表述。将"撤退"写成"转进"也是类似的情况。

那么，由于司马迁分开使用"逃"和"跳"，而后来对"跳"这个字的解释也产生了分歧。如淳认为是"走（逃跑）"，而晋灼认为是"独出（一个人出去）"。实际上内容是完全一样的，但如果把"跳"理解为"走（逃跑）"的话，那么司马迁分开使用二字，而班固改换文字的意义就不清楚了。因此，"跳"还是应当取"独出"的意思吧，将刘邦逃跑的行为更加暧昧委婉地表达出来。颜师古将如淳和晋灼的说法做了比较，认为晋灼的说法才是正确的。

另外，《史记·项羽本纪》的《史记集解》说："晋灼曰：独出意。"《史记·项羽本纪》本来是作"逃"字，但将"逃"解释为"独出"是没有根据的。晋灼最初是注《汉书》的，并没有注《史记》。因为裴骃《史记集解》强行引用了晋灼注《汉书》时的说法，所以才出现了这种情况，不是吗？如果"逃"字也能够解释为"独出"的话，那么这样的表达就已经很到位了（至少不想说成是类似"逃跑"的表达）。

"逃"还是"跳"，只是一个字的区别。但是，在上面的例子中，如何描述刘邦的行为却经过了很重要的选择过程。

记录刘邦的冷酷

险些丧命于项羽军队而从包围圈中逃出来的刘邦，危机仍未解除。二人的军队隔着广武山展开了对峙。这时，项羽搭了一个大灶台，将作为人质的太公（刘邦之父）放在旁边：

> 为高俎，置太公其上，告汉王曰："今不急下，吾烹太公。"汉王曰："吾与项羽俱北面受命怀王，曰'约为兄弟'，吾翁即若翁，必欲烹而翁，则幸分我一杯羹。"项王怒，欲杀之。项伯曰："天下事未可知，且为天下者不顾家，虽杀之无益，只益祸耳。"项王从之。（《史记·项羽本纪》）

的确如项伯所说，从统一天下这样一个远大的目标来看，家人的生死可能是件小事。但即便是如此，这也是一则叙述刘邦的冷酷的故事。这个故事在《汉书》中，果然还是被写进了《项籍传》。我们知道，班固虽然没有将它移入《高帝纪》中，但是也没有将事实抹杀掉。另外，说了此番话的项伯，属于项氏的一族，但也是刘邦军师张良的朋友，在鸿门宴当中贯彻了保护刘邦的立场。而在这里，他又成功地安抚了盛怒之下的项羽，使他放弃了杀掉刘邦父亲的想法。

四面楚歌

项羽和刘邦之间的战争，在最开始的时候项羽具有压倒性的优势。然后渐渐地，随着韩信、彭越等人倒向刘邦，项羽反而处于劣势。终于，项羽的军队被困在垓下（属安徽省），陷入汉军和诸侯军队的重重包围。入夜，汉军的四面传来楚国的歌曲。项羽说："汉皆已得楚乎？是何楚人之多也！"他一边与虞姬饮酒，一边作歌曰：

> 力拔山兮气盖世，
> 时不利兮骓不逝。
> 骓不逝兮可奈何，
> 虞兮虞兮奈若何！

其后仅率领少量骑兵出阵，突出汉军的包围，奔向东城（属安徽省）。到东城时，仅剩二十八骑。而再度追围上来的汉军骑兵有数千。此时项羽渐渐预感到死亡将至，他说：

> 吾起兵至今八岁矣，身七十余战，所当者破，所击者服，未尝败北，遂霸有天下。然今卒困于此，此天之亡我，非战之罪也。今日固决死，愿为诸君快战，必三胜之，为诸君溃围，斩将，刈旗，令诸君知天亡我，非战之罪也。

然后出击，斩杀众多汉军。长江岸边，赶到乌亭（属安徽省）的亭长驶出小船，劝说项羽渡过长江到对岸，再图卷土重来。项羽说"天之亡我，我何渡为！且籍与江东子弟八千人渡江而西，今无一人还，纵江东父兄怜而王我，我何面目见之？"于是冲入汉军，壮烈地战死了。一代英雄项羽，生命至此终结。

对于项羽的死，《汉书·高帝纪》云：

十二月，围羽垓下。羽夜闻汉军四面皆楚歌，知尽得楚地，羽与数百骑走，是以兵大败。灌婴追斩羽东城。

将项羽的死这一永恒的高潮轻描淡写地记载了下来。

《史记·项羽本纪》的主人公是项羽，而《汉书·高帝纪》的主人公是刘邦。司马迁将姿态不好看的刘邦逃走的情节，在《史记》的《项羽本纪》和《高祖本纪》中变换写法，通过下面的方法做了区分：在项羽是传主的《项羽本纪》中，"刘邦逃跑了"这件事径直用了"逃"字；而在刘邦是传主的《高祖本纪》中，使用了意思含糊的"跳"字，即"刘邦一个人出去了"。班固虽然根据《史记·项羽本纪》书写《汉书·项籍传》，但为了不传达"刘邦逃跑了"这层意义，所以故意将"逃"改成了"跳"字。如此，《汉书》把"刘邦逃跑了"的表达全部删掉了。可知，班固撰述的时候，曾在种种细节处留心注意。

另外，"逃"最初在《春秋》的所谓"春秋笔法"中，是表示打败仗的一个字。班固更加避免使用"逃"这个字，也是因为知道这个字自《春秋》以来的意思和用法。

第十二章 |《汉书·古今人表》

"一无是处之物"

　　纪传体史书无法避免将一件事分散在各处记载，为了弥补这种弊端故设置了"表"。"表"是司马迁《史记》的发明，《史记》是通史，也特别需要设置表。《汉书》虽然是断代史，但班固还是向司马迁学习作了几个表，也就是《异姓诸侯王表》《诸侯王表》《王子侯表》《高惠高后文功臣表》《景武昭宣元成功臣表》《外戚恩泽侯表》《百官公卿表》以及《古今人表》。从《异姓诸侯王表》到《百官公卿表》是与西汉时代相关的表。只有最后的《古今人表》却是一种通史性的人物年表，它将上自三皇、尧舜下到秦王朝（西汉王朝以前）的人物，按照时代的顺序排列，并且评价、划分为"上之上圣人"直到"下之下愚人"的九个层次（考虑到没有汉代人物这一点，虽然叫"古今人表"，但其实没有"今"）。班固是把《汉书》作为断代史来写的，故只有这个《古今人表》性质不同，稍显奇妙。

　　对于这个《古今人表》，的确在中国历代评论者中评价都不高。明治到大正、昭和年间的日本，领中国学之风骚的学者狩野直喜在其《两汉学术考》（みすず书房，1978）中的《两汉文学考》（《史记》与《汉书》[上]）中如此说道：

> 就体裁来说，《汉书》《史记》皆优，此事二者一致，而《汉书》中有可笑之处。如，表之中有《古今人表》，分上古至秦所有人物为九等而胪列之，上上圣人，上中仁人，上下智人，下下愚人。总之，考虑分人物为九等，甚是滑稽，究竟有何必要作此表，其理由不明。《汉书》立纪传表志，虽后世皆仿之，然无表中置人物表者。吾人尤蒙《汉书》恩泽，如《艺文志》即如此。于是稽古今学术，得为辨古书真伪唯一之指南针，无论如何此点乃《史记》所不及。既然有如此贤明的举措，为何又作人物表此种一无是处之物呢？苦于不得其理由。

"可笑""滑稽""究竟有何必要作此表，其理由不明""一无是处之物"等等，可谓极尽差评。那么，班固"究竟有何必要作此表"呢？在这里我们来思考一下这个问题。

《古今人表》的构造

首先来看《古今人表》的结构吧。《古今人表》的纵轴展示了"上上圣人""上中仁人""上下智人""中上""中中""中

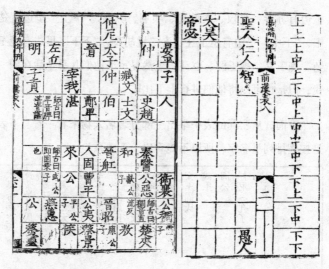

《汉书·古今人表》

下""下上""下中""下下愚人"九个等级，横轴展示的是时间
的顺序。因此，如果顺着表的"上上圣人"一栏横着看下去的话，
就有太昊帝宓羲氏、炎帝神农氏、黄帝轩辕氏、少昊帝金天氏、
颛顼帝高阳氏、帝喾高辛氏、帝尧陶唐氏、帝舜有虞氏、帝禹夏
后氏等人物的名字并列其中。由此，这些人物的先后关系便显示
出来了。

其次，生活于同时代的人物大致排在同一行，也就可以进行
上下比较。例如，战国至秦代，"上中"里边有孟子、屈原、渔父、
蔺相如，"上下"里边有乐毅、廉颇，"中上"里边有平原君、
韩非，"中中"里边有孟尝君、魏公子、吕不韦、荆轲，"中下"

151

里边有苏秦、张仪、秦始皇、项羽、陈胜，"下上"里边有楚怀王，"下中"里边有赵王迁、秦二世胡亥，"下下"里边有楚王负刍、燕王喜、魏王假、赵高。虽然显示出他们几乎生活在同一时代，但是也可以将他们进行上下比较。

下面，从实际的表中举出一部分著名人物来看一看。下表只是按横排列举名字，所以不能看出上下关系。

上上圣人
太昊帝宓羲氏
炎帝神农氏
黄帝轩辕氏
少昊帝金天氏
颛顼帝高阳氏
帝喾高辛氏
帝尧陶唐氏
帝舜有虞氏
帝禹夏后氏
帝汤殷商氏
文王周氏
武王
周公
仲尼（孔子）

"上上圣人"这里共列举 14 人。尧、舜、禹以下的人自不必说。关于周武王，《史记·伯夷列传》中有"父死不葬，爰及干戈，可谓孝乎？以臣弑君，可谓仁乎？"这样的否定性言辞，但作为讨伐暴虐的纣王、建立周王朝的王者，他在《古今人表》中是个堂堂的圣人。《史记·五帝本纪》从黄帝开始，而在这里班固从黄帝以前的时代开始列举。其后司马贞所补写的《三皇本纪》的"三皇"，是宓羲、女娲、神农，而在班固所写的《白虎通德论》卷一"号"中，早已针对"三皇"列举出了两种说法："宓羲、神农、燧人"和"宓羲、神农、祝融"。《古今人表》中，祝融在"上中仁人"中，而燧人氏似乎被遗漏了。燧人氏是最先用火的先祖。

　　"三皇"之一的女娲不是圣人，被降低了一等，置于此处。而司马贞的补充之作《三皇本纪》关于女娲氏的记叙也十分简单。据说，共工氏与颛顼氏争，怒触不周山，而使天柱折断，大地向东南倾斜。"下下愚人"中也有共工，指的是"四凶"之一，尧、舜时代的大臣共工。伯夷、叔齐之所以被收入这个较高的级别中，大概也是因为班固对他们的义有很高的评价吧。管仲辅佐齐桓公成就霸业；孔子在《论语》中也给予管仲很高的评价。颜渊、子思是孔子的弟子，孟子是作为其后继者被放在了这个位置。作为一个清廉之士，屈原被置于此处是可以理解的；而在《楚辞·渔父》中，对于感慨"举世皆浊我独清，众人皆醉我独醒"的屈原，渔父说道："圣人不凝滞于物，而能与世推移。世人皆浊，何不淈其泥而扬其波？众人皆醉，何不哺其糟而啜其醨？"批评屈原过于认真的人生态度的渔父也被放在了这里。由此可见，也许班固对老庄式的、隐者式的人生态度并非直接否定。作为战国时代的人物，蔺相如也被放在了这里，这一点引人注目。蔺相如是赵人，被委派出使强大的秦国，是一步也不退让地进行外交交涉的人物。

　　传说仓颉发明了文字。卞随、务光是在《史记·伯夷列传》的议论中出现的人物。坚持拒绝接受君位，因此他们跻身于上等之中。鲍叔牙因为与管仲的友情而知名（管鲍之交）。子贡、季路、子夏、公冶长是孔子的弟子。同样作为弟子的颜渊与他们有着等级上的差别。樱井芳朗《关于汉书古今人表》（《和田博士古稀纪念东洋史论丛》，讲谈社，1961）指出：《古今人表》中列入了孔子所认为的理想人物，他们成为整个《古今人表》的中心；《古今人表》以《论语》为根据，忠实地将《论语》中的人物根据其评价用表的形式反映出来。范蠡是帮助越王勾践讨伐吴王夫差的人。之后逃到齐国当了宰相，最后在陶地成了一个人称"陶朱公"的大富翁。滕文公是重用孟子的人，被认为是一位优秀的君主。公孙丑，是孟子的弟子。滕文公与公孙丑都是《孟子》中的篇名。乐毅原是燕国的将军，率领赵、楚、韩、魏、燕五国的军队攻打齐国，被封于昌国。之后燕惠王立，不喜欢乐毅，将他放逐到赵国。惠王因为与齐国打仗败北，后悔失掉了乐毅，于是给他写信，请他重返燕国，但乐毅没有同意。燕国让乐毅的儿子继承了昌国的封地，乐毅成为燕、赵两国的客卿，受到礼遇。《史记》有《乐毅列传》，赞颂乐毅没有左顾右盼，而是坚持了自己的立场。

　　在这个"中上"和接下来的"中中"里面，列举了墨子、韩非子、孙子、列子等诸子百家的思想家。老子被列入这一较低的级别，也十分引人注目（在宋代，老子曾被皇帝下诏列为"上圣"，这件事在第二部分第十章里已经提到过）。这一点生动地反映了班固对崇尚黄老的司马迁的批判态度。秦缪公是使秦国富强的有功绩的君主。伍子胥辅佐吴王使其成为霸主之一，但是最终却被赐令自杀。吴国被越王勾践所灭即在此事之后。伍子胥与侍奉越王的范蠡并称，但范蠡得到善终而伍子胥未能保全。从这一点来看，伍子胥比范蠡低了一个级别。另外，越王勾践在这一栏，而导致吴国灭亡的吴王夫差被放在了"下下"。长沮、桀溺是出现在《论语》中的隐士。这样的隐士相对来看还算处于较高的级别。平原君是战国末期的所谓"四君子"之一。但平原君为"中上"，孟尝君为"中中"，使二者有了区别。高渐离、燕太子丹、荆轲等都是《史记·刺客列传》中的人物，高渐离为"中上"而燕太子丹、荆轲为"中中"，这里也有等级的区别。商鞅是推行变法，使秦国富国强兵的人物。

中中
孙子
列子
淳于髡
邹衍
孟尝君
吕不韦
燕太子丹
荆轲

　　孙子、列子、邹衍是诸子百家的思想家，但比老子、墨子、韩非子又低了一个级别。淳于髡是《史记·滑稽列传》中的人物。以笑作为武器劝谏齐威王，避免了楚国受辱。吕不韦是在秦王嬴政（后来的始皇帝）背后出谋划策的人，是引导了全国统一的人物。据说他实际上是秦始皇的父亲。

中下
苏秦
张仪
公孙龙
秦始皇
李斯
项羽
陈胜
吴广

　　秦始皇、项羽被置于这个"中下"。《古今人表》为何将这两个人物安排在这一等，几乎没有任何说明，只能凭借读者想象。秦始皇、项羽在推动历史的车轮这一点上大概确实值得褒扬，但在暴虐这一点上是需要批判的，因此才被置于中间的一等，而下面的级别仍然有很多。最先对秦始皇举起反抗大旗的陈胜、吴广也被放在这里，作为极大地推动了历史车轮的人，他们也很醒目。另外，苏秦、张仪等纵横家也被安排于此，可以说对他们的评价并不高。

下上
齐崔杼
靳尚
楚顷襄王

崔杼是齐国大夫。杀掉其君主庄公而拥立景公。这时，齐国太史（史官）记录道："崔杼弑其君。"于是崔杼杀掉了这位太史。接着太史的弟弟又写"崔杼弑其君"，崔杼又杀掉了太史的弟弟。接着太史的另一位弟弟仍然以同样的方式记录了这件事，崔杼总算是罢休了。这就是《史记·齐太公世家》中所见的关于史家的故事。靳尚、楚顷襄王分别是谗害和流放屈原的人。

下中
癸（桀）
秦二世胡亥

桀、纣是常被人并举的暴君，但桀比纣高一个等级。

下下愚人
辛（纣）
妲己
幽王宫涅
褒姒
阳虎
吴王夫差
楚王负刍
燕王喜
魏王假
赵高

妲己是殷纣王的宠姬，淫乱而残忍。这里列举的大致都是亡国之君。楚王负刍、燕王喜、魏王假等都是被秦所灭的国君。班固毫不掩饰地贬抑亡国之君，也对导致亡国的妲己、褒姒等女性给予了严厉的批评。

对《古今人表》的评价

上面所列举的只是其中一小部分而已。仲尼（孔子）与尧、舜、禹等古代的圣人被并置于"上上"，孟子被置于"上中"；而与此相对，老子被置于"中上"，这与重视黄老思想的西汉时代（司马迁时代）大为不同。虽说如此，只在《庄子》中登场的古代的隐者卞随、务光竟然位于"上下"，可能暗示班固思想中也有黄老成分。

对于特定的人物，为什么这个人被放在这个等级，而那个人被放在别的地方？围绕这一点真是疑窦百出。明代的茅坤在《读班固汉书古今人物表》中（《茅鹿门先生文集》卷三〇）也说：

老子，古之圣人而放于下位者也。仲尼犹且适周，而问而叹其道犹龙焉。……左丘明学《春秋》于仲尼而能文者也，然不得列乎游、夏之间。……噫，固亦缪矣。以孔子之圣，犹不敢强其所不知，而其言尝曰"吾犹及史之阙文也"（《论语·卫灵公篇》）。固何不自量其力，而欲以一人之闻见，取数千百年所不可尽闻与见之行事，而品列次第之，以取信于后世也？其可得乎？

茅坤对班固将老子置于低位表示了疑问，然后又向这种欲通观历史、品第人物的行为本身投去了根本性的质疑。

虽然《古今人表》获得的评价并不好，但是仍然有一些书籍，试图探寻班固划分等级的意图，对此表中的人物一个一个地做了考证。清代梁玉绳的《汉书人表考》，近人王利器、王贞珉的《汉书古今人表疏证》等就是此类。

班固的意图

班固究竟是为什么制作了这个可以说是奇妙的表呢？《古今人表》的开头附有序文，班固自己叙述了其制作意图。让我们来倾听一下班固的心声吧。

自书契之作，先民可得而闻者，经传所称，唐虞以上，帝王有号谥。辅佐不可得而称矣，而诸子颇言之，虽不考乎孔氏，然犹著在篇籍，归乎显善昭恶，劝戒后人，故博采焉。

在这里，著述书籍的目的归于最后总结处的"显善昭恶，劝戒后人"。这样的想法在司马迁的撰述中也可以看到，而在班固这里，这一点尤为明确。"故博采焉"这一部分，如果想到第十章所涉及的《史记·伯夷列传》开头的议论，则很容易理解。《伯夷列传》的开头说道：书记很多，各种各样的记载也很多，但最终还是以"六经"为记叙的根据。但是如果仅以"六经"中的相关记载为标准的话，尧帝之前的帝王，例如黄帝，或者许由、卞随、务光等的事迹就无法记载。这里是说，为了达到通过历史来劝善惩恶这个目的，不一定拘泥于儒家的书籍，而是将各种书籍中所见的人物都写进了《古今人表》。评价人物的框架，也比"六经"更加宽广。的确，以黄帝为首，许由、卞随、务光等人也被载入了《古今人表》，如果拘泥于"六经"，则历史便无法书写，此其一；不为"六经"所束缚，也能为"六经"以外登场的人物织一张评价的网，此其二。

孔子曰："若圣与仁，则吾岂敢？"又曰："何事于仁，必也圣乎！""未知，焉得仁？""生而知之者，上也；学而知之者，次也；困而学之，又其次也；困而不学，民斯为下矣。"又曰："中人以上，可以语上也。""唯上智与下愚不移。"传曰：譬如尧、舜，禹、稷、卨与之为善则行，鲧、谨兜欲与为恶则诛。可与为善，不可与为恶，是谓上智。桀纣，龙逢、比干欲与之为善则诛，于莘、崇侯与之为恶则行。可与为恶，不可与为善，是谓下愚。齐桓公，管仲相之则霸，竖貂辅之则乱。可与为善，可与为恶，是谓中人。因兹以列九等之序，究极经传，继世相次，总备古今之略要云。

谨兜是尧的臣子，推荐共工作为尧的后继者。但共工不能胜任工作，因此被放逐了（见于《史记·五帝本纪》）。鲧也是尧的臣子、禹的父亲，也没有大的功绩。龙逢、比干分别是夏王桀和殷王纣的臣子，他们由于劝谏、阻拦君主的恶行而被杀害了。于莘、崇侯是向桀、纣献媚的人。连续引用《论语》，总的来说都是以将人分为各种等级、可以相互比较为主题的点。将人划分等级这种想法，从某种意义上可以说是儒教的大前提。

《史记》人物的成绩单

本来，将历史上的人物划分等级这件事就是不可行的。例如在日本历史当中，源赖朝和织田信长谁更胜一筹？这个问题有没有答案？无论哪个人物，都有好的一面和不好的一面。班固的《汉书》之所以能够像这样划分等级，是因为班固时代儒教的权威，即判断人物是非善恶的标准——极端一点说，这个标准就是与孔子之间的距离——已经确立起来了。对班固来说，分等级是很自然的一件事。正因为如此，他才大胆地制作了这张表，将过去历史上的所有人物做了评价、分了九个等级。

当然，之前也提到过，从结果来看，《古今人表》中也有不可靠的评价。要把数量众多且时代各异的人物安排进一张表中，没有缺点是不可能的。但是总体而言，制作这个表的想法本身只能使我们确信，一定存在着确定的划分标准。司马迁也说过，他之所以书写历史，是为了踵武孔子的《春秋》，想通过此事彰显是非善恶这一目标（《太史公自序》）。但是司马迁对人物评价的标准似乎更为宽松。如果让司马迁将《史记》中的人物也像这样做成一个《古今人表》的话，他恐怕会抱头烦恼吧！从这里也可以看出《史记》和《汉书》的背景有很大不同。

《古今人表》将上古至秦代的人物罗列了出来，但其中大多都曾出现在《史记》中，于是有点像《史记》人物的成绩单。从史书的体裁来讲，班固虽然决定只为西汉一代书写断代史，但他还是怀有撰写通史的志向吧！

将人物划分为九等，这里的"九"是从哪里来的呢？不是五，不是七，也不是十，而是九，这到底是为什么呢？我认为，这恐怕是从《周礼·春官·典命》《礼记·王制》中所见的"九命"而来。周代官爵一般分为九个等级，即"九命"：上公九命，王之三公八命，侯伯七命，王之卿六命，子男五命，王之大夫、公之孤四命，公侯伯之卿三命，公侯伯之大夫、子男之卿再命（二命），公侯伯之士、子男之大夫一命。在儒教当中，周王朝是理想的王朝。因此，想给人物划分等级、制作表格的时候，《周礼》《礼记》中所见的"九命"自然就成了模仿的样板。

到了三国六朝时代，实行了将人物分成九等并加以评价，然后根据评价授予官职的"九品官人法"。在九品官人法中，不是像《汉书·古今人表》那样按照从"上上"到"下下"分为九等，而是用数字从"一品"到"九品"来表示等级。但是把人分为九个等级这种做法恐怕是从《汉书·古今人表》而来，这大概是不错的。尽管《汉书·古今人表》受到的评价不高，却成了后世政治制度上划分品级的原型，其影响可以说是极为巨大了。

结语

《史记》一百三十卷，《汉书》一百卷。如此体量庞大的书籍，在作为书写载体的纸还没有被发明的两千年前就已经被书写下来了。考虑到还要把文字书写在竹简上，单就这一点就可以想见这是一项多么浩大困难的工程。

实际上，如果我们看看现存中国最古老的图书目录《汉书·艺文志》的话，就会发现超过一百卷篇幅的书籍只有寥寥数部。而这其中能称为个人著作的，只有《史记》一种。这种状况，对晚于《史记》的《汉书》来说也是一样的。对于完成了如此巨大的事业的司马迁、班固，无论怎么表彰都不过分。

而且，两千年前创作出的书籍，被后世所继承，让今天的我们，通过刊本、活字本，甚至电子媒体，都可以方便地读到《史记》和《汉书》。实际上，《汉书·艺文志》中记录的不少书籍都没有流传下来，只有这些书的名字被保留到了今天。书籍这种东西，在人们放弃向后世流传的努力的瞬间就会消失。这样想的话，《史记》和《汉书》从被撰述的那一时刻开始直到今天，曾经过多少人的努力才得以流传保存的啊！这些前人的努力是不可以被遗忘的。

本书之所以花大量篇幅讲述《史记》《汉书》的阅读史，只是想要追寻如上所述的书籍的轨迹。

《史记》和《汉书》是历代正史中的东西两横纲。但是，考虑到今天日本的状况，说是向《史记》一边倒也不过分。高校的汉文教科书里面有《史记》的篇章，而《汉书》的篇章却看不到。然而，汉文教科书偏重《史记》的现象，在"二战"前就已经如此了，而且可以追溯到江户时代的汉学教育。江户时代的汉学受到中国明代学问的强烈影响。例如，现在的汉文教科书里面，来自《唐诗选》的材料很多，这反映了《唐诗选》在江户时代极为流行的情况。据说《唐诗选》是明代古文辞派的李攀龙所编的书籍。

如本书所述，中国的明代，总体来说是《史记》的时代。江户的汉学受到其影响，并一直持续存在于今天的汉文教科书中。

反过来，在中国本土，《唐诗选》这本书几乎不为人知，也不是唐诗的标准教材。一般认为，现在中国的唐诗初级教材是清代乾隆年间的蘅塘退士所编的《唐诗三百首》。因此在清代以后，唐诗的教材在日本和中国分道扬镳了。

《史记》《汉书》的受欢迎程度，也在清代以后，日本和中国产生了分歧，呈现出不一致的样貌。日本继续受到明代学风的影响，偏重《史记》，而中国进入清代以后，《汉书》的地位相对更高了。

中国的知识分子现在也还在认真读《汉书》。而且经过中国长期的历史沉淀，说到历代正史，《汉书》仍是当之无愧的范本。正所谓历史是"鉴"。如果这个史是正史的话，那么正如本书所说的，它至少是指从《汉书》著成以来不断涌现的、为提高当下王朝（政权）的权威（或者说是为贬低前朝或敌对势力）而撰述的那些史书，这一点是不能被忘记的。在本书当中，之所以和《史记》

一起讲《汉书》，也是基于这个原因。

本系列是从平成十年（1998）开始到十四年（2002）间，以文部省科学研究费补助金特定领域研究"古典学的再构筑"为契机而开始出现的。笔者也在后面的两年中参加了该研究项目，受邀撰写也是基于这个因缘。

虽然选取《史记》和《汉书》来讲述，但笔者的专攻是明清文学。本书与其说是关注经典诞生的瞬间，不如说是以后世对该书的评价和继承的方式为中心来叙述的。但是，随着阅读的持续，经典也常常被赋予新的解释，被发掘出新的价值。这也可以说是"诞生"的另一种样貌。

在笔者周围，本来应该担当"《史记》《汉书》卷"撰写的专家有很多，承蒙他们给予了我诸多的指点。借此机会表示感谢。

在撰写过程中，我受到岩波书店的杉田守康、山本贤、奈良林爱三位先生的照顾，也一并致谢。

2008 年 8 月 26 日

大木　康

参考文献

《史记》《汉书》的原文

《史记》，中华书局，1959。

《汉书》，中华书局，1962。

如果想要阅读《史记》《汉书》的原文，中华书局出的"二十四史"本是当下很方便获取的版本。这个本子是标点本，正文有句读，人名、地名、书名施有专名线，很容易阅读。《史记》标点的作者之一是顾颉刚。关于底本，《史记》用的是清代同治年间的金陵书局本（也收入了《史记集解》《史记索隐》《史记正义》的三家注），《汉书》用的是清代王先谦的《汉书补注》（也收入了颜师古注）。

泷川龟太郎《史记会注考证》，东方文化学院东京研究所，1932—1934。

水泽利忠《史记会注考证校补》，史记会注考证校补刊行会，1957—1970。

水泽利忠编《史记正义的研究》，汲古书院，1994。

作为日本人研究《史记》文本的成果，这些书籍不能被忘记。

《史记评林》，明治二年鹤牧藩水野氏修来馆刊。

《汉书评林》，明历四年跋京都松柏堂林和泉搽刊。

"评林本"是最受江户时代的人们喜爱的本子，是附加了训点标记的中文原文本。上述《史记评林》《汉书评林》被收入了汲古书院影印的《和刻本正史》。即便今天到二手书店去看看，《史记评林》《汉书评林》的刊本，也可能偶尔以很便宜的价格买到。

《史记》，汲古书院古典研究会丛书。

《汉书》，朋友书店。

《汉书》，汲古书院。

汲古书院影印出版了现在藏于国立历史民俗博物馆、上杉家旧藏的黄善夫本《史记》。同一版本的《汉书》由朋友书店影印出版。另外，松元市立图书馆藏的宋庆元刊本《汉书》也由汲古书院影印出版。

尾崎康《正史宋元版之研究》，汲古书院，1989（中文版，中华书局，2018）。

《史记》《汉书》的宋元版我参考了这个研究。

《史记》《汉书》的翻译

《史记》的全译

野口定男、近藤光男、赖惟勤、吉田光邦译《史记》上，平凡社"中国古典文学大系"10，1968。

野口定男译《史记》中、下，平凡社"中国古典文学大系"11、12，1969、1971。

小竹文夫、小竹武夫译《史记》ⅠⅡ，筑摩书房，"世界文学大系"6、7，1971。

小竹文夫、小竹武夫译《史记》全8册，ちくま学艺文库，1995。

吉田贤抗、水泽利忠等译《史记》，明治书院"新释汉文大系"。

以上列出了现在容易入手的译本（下同）。"中国古典文学大系"本也被平凡社做成"中国古典系列"出版。

《汉书》的全译

小竹武夫译《汉书》上、中、下，筑摩书房，1977—1979。

小竹武夫译《汉书》全8册，ちくま学艺文库，1997—1998。

《史记》的选译

贝冢茂树等译《司马迁》，中央公论社世界的名著，1968。收入了贝冢茂树、川胜义雄所译的《史记》列传。后来中央公论社又将其作为"中公古典"中的一种出版。

小川环树、今鹰真、福岛吉彦译《史记列传》，筑摩书房"世界古典文学全集"，1969。

小川环树、今鹰真、福岛吉彦译《史记列传》全5册，岩波文库，1975。

小川环树、今鹰真、福岛吉彦译《史记列传》全3册，岩波文库，1980—1991。

田中谦二、一海知义《史记·春秋战国篇》，朝日新闻社"中国古典选"，1964。

田中谦二、一海知义《史记·楚汉篇》，朝日新闻社"中国古典选"，1958。

田中谦二、一海知义《史记·汉武篇》，朝日新闻社"中国古典选"，1963。"中国古典选"的《史记》后来也作为朝日选书的一种出版。

福岛中郎《史记》，明德出版社，1972。

一海知义《史记》，筑摩书房"中国诗文选"，1973。

福岛中郎、黑须重彦《史记》，学习研究社"中国的古典"，1981—1985。

水泽利忠著、佐川茧子编《史记列传》，明治书院"新书汉文大系"，2002。

吉田贤抗著、泷康秀编《史记本纪》，明治书院"新书汉文大系"，2003。

水泽利忠著、佐川茧子编《史记列传》，明治书院"新书汉文大系", 2003。

《汉书》的选译

本田济编译《汉书、后汉书、三国志列传选》，平凡社"中国古典文学大系"，1968。后来又作为古典文学系列之一出版。

福岛吉彦《汉书》，筑摩书房"中国诗文选"，1976。

高木友之助、片山兵卫译注《汉书列传》，明德出版社，1991。

三木克己《汉书列传选》，筑摩书房，1992。

富谷至、吉川忠夫译注《汉书·五行志》，平凡社"东洋文库"，1986。

狩野直祯、西胁常记译注《汉书·郊祀志》，平凡社"东洋文库"，1987。

永田英生、梅原郁译注《汉书·食货、地理、沟洫志》，平凡社"东洋文库"，1988。

铃木由次郎译注《汉书·艺文志》，明德出版社，1968。

《史记》《汉书》的选译

小川环树、今鹰真、福岛吉彦、三木克己《史记（列传）、汉书（列传）》，《世界文学全集4》，筑摩书房，1970。

福岛正《史记、汉书》，角川书店"鉴赏中国的古典"，1989。

加藤繁译注《史记平准书、汉书食货志》，岩波文库，1942。

《史记》《汉书》的相关书籍

文献目录

国书刊行会编《中国正史研究文献目录》，国书刊行会，1977。

池田四郎次郎《〈史记〉研究资料解题稿本》，明德出版社，1978。

池田英雄《史记学50年——日中〈史记〉研究的动向（1945—1959年）》，明德出版社，1995。

藤田胜久《〈史记〉〈汉书〉研究文献目录（日本编）》，平成五年科学研究费补助金一般研究（B）研究报告书，《〈史记〉〈汉书〉的再检讨与古代社会的地域研究》所收，1994。

吉原英夫《〈史记〉相关文献目录》，北海道教育大学札幌校国语科教育学研究室，1997。

《史记》《汉书》，特别是与《史记》相关的资料、研究数量十分庞大，其目录如上所示。另外，平势隆郎《〈史记〉的正统》（讲谈社"学术文库"，2007）的"文献目录"也很详细，我也做了参考。

下面，列举关于司马迁、《史记》的书籍中比较容易入手的著作。它们大部分是同时论述司马迁和《史记》的，为便利起见，分为以司马迁为中心和以《史记》为中心两方面来叙述。

以司马迁为中心

武田泰淳《司马迁——〈史记〉的世界》（日本评论社"东洋思

想丛书"，1943）收于《武田泰淳全集》第11卷，及讲谈社"文艺文库"。

华兹生（Burton Watson）著、今鹰真译《司马迁》，筑摩丛书，1965。

沙畹（Edouard Chavannes）著、岩村忍译《司马迁与〈史记〉》，新潮选书，1974。

林田慎之助《司马迁——期待起死回生》，集英社《中国的人与思想》，1982，也收入集英社文库。

大岛利一《司马迁与〈史记〉的成立》，清水新书，1984。

佐藤武敏《司马迁的研究》，汲古书院，1997。

藤田胜久《司马迁与其时代》，东京大学出版会，2001。

以《史记》为中心

贝冢茂树《〈史记〉：中国古代的人们》，中公新书，1963。

加地伸行《〈史记〉：司马迁的世界》，讲谈社"现代新书"，1978。

宫崎市定《说〈史记〉》，岩波新书，1979；岩波文库，1996。

野口定男《读〈史记〉》，研文出版，1980。

伊藤德男《〈史记〉与司马迁》，山川出版社，1996。

吉本道雄《探寻〈史记〉》，东方书店，1996。

平势隆郎《〈史记〉：2200年的虚实》，讲谈社，2000。

平势隆郎《〈史记〉的"正统"》，讲谈社学术文库，2007。

藤田胜久《项羽和刘邦的时代：秦汉帝国兴亡史》，讲谈社